Beaumarchais,
un intermittent du spectacle

Du même auteur

Les Plumes des paons, Plon, 1980.
Le Parcours du combattant, Flammarion, 1989.
La Vieille Dame dans la librairie, Flammarion, 1991.
Veille de fête, Flammarion, 1992.
Le Dîner de Londres, Flammarion, 1994.
La Jeune Fille à l'avant-scène, Flammarion, 1995.
Les Silences et les Mots, Flammarion, 1998.
Je vous aime bien, monsieur Guitry !, Plon, 2002.

Jean Piat

Début comédie en 1948.
— Le Barbier de Séville —

Beaumarchais,
un intermittent du spectacle

PLON

ISBN : 2-259-20051-6.

A mon frère.

« Il faut fuir la facilité
Mais en rechercher l'apparence. »

Paul VALÉRY.

1

Les comédiens sont d'étranges animaux, Monsieur de Beaumarchais. Molière l'a écrit avant moi. Et vous admiriez Molière. Vous ne serez donc pas fâché qu'un tel aveu échappe à un de ces comédiens, animal étrange, à qui vous reprochiez en votre temps « d'estropier vos pièces ». « Conçues avec volupté, ajoutiez-vous, enfantées dans la douleur, comme les enfants des femmes, ces pièces vivent rarement assez longtemps pour payer les parents de leurs soins. »

Hélas, Monsieur de Beaumarchais, rien n'a changé. Ecrire des pièces reste une épreuve difficile. Les faire jouer davantage encore. Les rapports auteurs-acteurs sont toujours aussi râpeux. En ce XXIe siècle commençant, nous vous estropions toujours avec la même allégresse. Et quand ce n'est pas nous, ce sont les metteurs en scène. Vous ne gagnez pas au change. Marqués de cette impuissance – nous ne savons pas écrire, vous ne pouvez pas jouer –, ce « je t'aime moi non plus », petit ballet réglé par la nécessité que l'un a de l'autre, nous contraint à élever des enfants que vous êtes obligé d'abandonner à nos soins entre la volupté de votre conception et la douleur de notre enfantement. Les risques de blessures sont évidents. Et les récompenses alors accordées sont souvent plus intérieures que rémunératrices, je vous le concède.

N'avez-vous pas cependant, Monsieur de Beaumarchais, le sentiment d'une ingratitude ? Le temps n'a pas mal travaillé pour vous. Deux de vos pièces vivent encore, depuis plus de deux siècles. Au contraire d'Arvers (Félix pour les dames) qui s'est, au siècle suivant, acharné à en écrire dix-sept, ainsi que des poèmes, et dont la gloire se limite à un seul sonnet. Et même à un seul vers – « *ma vie a son secret, mon âme a son mystère* » – tandis que vous, morbleu, avec votre *Barbier* et votre *Mariage*, vous êtes immortel !

Qui vous l'a permis ? Vous, bien sûr ! Votre talent, votre génie même et ce personnage de Figaro que votre esprit a conçu. Vous avez reçu tous les dons, nous le savons. Y compris celui des affaires et celui du « faire savoir »... qui vaut parfois mieux que « le savoir », c'est vous qui l'avez écrit. Mais aussi, mais peut-être, tous ceux des animaux étranges qui, depuis 1775 et 1784, se sont efforcés de vous comprendre et de vous interpréter pour l'immortalité de l'un et l'éphémère victoire de l'autre. Non ? Vous savez bien que la postérité fait des choix arbitraires. Qui en porte la responsabilité ? A vous dire le vrai, je crois que si j'avais été votre Figaro, en ce temps-là, à la place de Préville ou de Dazincourt, vos premiers interprètes, dans cette Comédie-Française que j'ai fréquentée pendant vingt-cinq ans, nous nous serions – révérence parlée – cordialement engueulés ! Pour aboutir, je l'espère, au même excellent résultat final. Comme il arrive de nos jours aux acteurs et aux auteurs d'avoir des relations tendues, pour parvenir au succès. Est-ce parce que vous êtes Verseau – abondance, autorité et passion –, que je suis Balance, soucieux de tout peser sur mes plateaux de « toile d'araignée », ce qui passe aux yeux de tous les créateurs pour un sens critique exaspérant ? Peut-être. Pensez néanmoins, Monsieur de Beaumarchais, qu'il n'est pas plus aisé pour nous d'entrer dans la peau d'un personnage que pour vous de le faire sortir de votre chair ! Les questions que l'on vous pose, alors que vous nous répétez sans cesse : « Dites le texte ! Dites le texte ! », acceptez-les. Rappelez-vous votre *Barbier.* Vous donnez à jouer une première version en cinq actes à vos interprètes. Et devant le « bide » reçu, vous la modifiez en trois jours ! Vous présentez alors à vos « animaux étranges » une nouvelle version en quatre actes largement coupée et ratissée. Faut pouvoir suivre, Monsieur de Beaumarchais ! Il y a là de quoi nous faire douter de pauvres animaux sur votre texte et vos intentions ! Pourtant vous nous accusez dans votre longue (très longue, horriblement longue) préface du *Barbier* – écrite d'ailleurs après la seizième représentation – de « dépenailler, de défigurer vos personnages ! Vous êtes gonflé, Monsieur de Beaumarchais ! Est-ce que je vous reproche, moi, d'avoir emprunté une part de vos arguments à Molière et à son *Ecole des femmes*, pour l'écrire, ce *Barbier* ? Oui, vous êtes immortel, je n'en discuterai pas. Mais Rossini... mais Mozart, vos « interprètes musicaux » vous ont donné un sacré coup de main ! Non ? « Tenez Monseigneur, n'humilions pas l'homme qui nous sert bien, crainte d'en faire un mauvais valet », dit Figaro au comte Almaviva au cours du troisième acte de votre *Mariage*. Je me permets de vous le rappeler ! Je commence à comprendre pourquoi, selon vos biographes, on vous aime et on vous déteste tout à la fois. Vous n'avez pas le don de laisser indifférent. La modestie et le silence ne sont pas vos tasses de thé. Pourtant, je vais enrichir vos réticences à l'égard des comédiens et de leur intellect embourbé ! Je vous ai joué au XXe siècle sans rien savoir de votre existence, ô combien multiple et tumultueuse. Et depuis quelque temps, poussé par une volonté irrésistible, inexplicable – divine peut-être ? –, j'ai la passion de vous connaître... alors que je n'ai plus l'âge de vous jouer. Je suis entré presque par effraction dans votre vie – enfin celle de Figaro – alors que j'en ignorais les péripéties. Etrange, non ? Est-ce une excuse ? J'avais vingt ans. Et votre enfant n'était alors que barbier à Séville. Peut-être oublie-t-on trop souvent que l'acteur – enfant devenu adulte mais resté enfant – agit par instinct. L'intelligence si nécessaire à d'autres n'est pas pour lui essentielle. Elle ne nuit pas, c'est tout. Comme la culture quand on l'a oubliée. Tandis que l'instinct...

Quelques années plus tard : *Mariage de Figaro*, j'épouse votre Suzanne. Je n'en sais toujours pas davantage sur vos trois unions, ni sur d'autres aventures amoureuses qui iront, un jour, jusqu'à vous faire confondre – singulière distraction – le chevalier d'Eon avec une chevalière. Certes, vous n'avez pas été le seul en ce temps-là, mais pour un homme à femmes dont la mâle réputation d'habileté et le don de plaire ont traversé les siècles, avouez que cela fait un peu désordre ! Même si, toujours selon vos biographes, après avoir été un horloger de génie vous fûtes successivement harpiste, courtisan, spéculateur, négociant, négrier, entremetteur, forestier, juge, agent double, diplomate, armateur, pamphlétaire, presque ministre, et même auteur dramatique..., cette débordante activité ne justifie pas une telle myopie !

Molière avait raison : les comédiens sont d'étranges animaux. Mais il avait négligé un détail : les auteurs dramatiques le sont aussi.

Aurais-je modifié mon regard sur votre Suzanne et mes vues sur votre Figaro si j'avais su tout de vous ? Je ne le crois pas. Et, là encore, j'ai un alibi : votre texte du *Mariage* à apprendre en quelques jours, pour remplacer un camarade défaillant. Pas facile, croyez-le bien, Monsieur de Beaumarchais. D'autant que, seul, cet exercice exigeant fascine le public alors qu'on attend souvent de lui un jugement plus développé que le « et quelle mémoire vous avez ! ».

En m'alignant ainsi je prenais le risque de vous estropier, c'est vrai. Mais la jeunesse a toutes les audaces. Ce n'est pas la vôtre, preuves à l'appui, qui me démentira : « *La difficulté de réussir ne fait qu'ajouter à la nécessité d'entreprendre.* » C'est bien de vous, non ? Une anecdote en passant. Un de mes illustres et très anciens confrères de cette Comédie-Française où je vous ai joué avait reçu un jour de l'administration un télégramme lui enjoignant de revenir « dare-dare » de congé pour jouer *Le Baiser* (de Théodore de Banville) et votre *Mariage de Figaro*. Il avait alors télégraphié en retour : « Peux baiser. Mariage impossible. » Aurais-je dû à mon tour observer pareille prudence ? Ceci est une autre histoire. Et voici ma requête...

J'aimerais remonter le temps avec vous ! Redécouvrir le chemin qui m'a mené jusqu'à vous. Vous *connaître* enfin. Corriger ainsi mes erreurs de jeunesse, combler mes lacunes et vous dire tous les bonheurs que je vous dois. L'acceptez-vous ? Merci.

*

Août 1944. En l'an 212 après votre naissance, les Allemands, les Fritz, les frisés, les Chleuhs, les doryphores, les fridolins (à votre choix) quittent Paris où j'habite. Dans le désordre et sans le vouloir. Le débarquement du 6 juin en Normandie suscite déjà toutes les espérances. Chacun suit, depuis deux mois, la progression quotidienne des armées alliées. Par la radio de Londres, et même celle de Paris – *Radio Paris ment, Radio Paris ment, Radio Paris est allemand...* chante la France libre –, qui ne peut pas tout dissimuler de cette vague irrésistible, des nouvelles circulent. Les Américains sont à Argentan. Bientôt à Orléans. La deuxième DB française s'approche de Paris. Dès la prise de Cherbourg, mon père s'est exclamé doctement : « Ils ont un port. C'est le commencement de la fin ! » On sent la Libération proche. On commence à voir le visage de la résistance, les FFI.

Est-ce parce qu'il est né à Roubaix et moi à Lannoy, non loin de là ? Je suis en train de dévorer *Invasion 14*, le presque prix Goncourt de Maxence Van der Meersch (à une voix près) en 1935 ! Le sujet : quatre années d'occupation allemande dans le Nord de la France, lors de « la der des der ». J'y lis les mêmes scènes en cet automne 1918 dans ma région natale que celles que je vois se dérouler, en ce mois d'août 1944, à Paris : des soldats allemands, aux uniformes sales, dépenaillés, mal rasés, vendant, au bois de Boulogne, des poulets, des canards, des œufs, à des Français ahuris de l'aubaine, contre un peu d'argent. Ou des vêtements civils. Pour déserter ou pour passer plus inaperçus. Pas de doute, « ils foutent le camp » ! Ce n'est pas encore le temps des drapeaux tricolores qu'on exhibe aux fenêtres et aux balcons puis qu'on retire précipitamment, par sécurité, dès que passe un camion, un char ou un blindé allemand, ou quelque patrouille mitraillettes pointées, mais on s'en approche ! Peut-être voudriez-vous savoir ce que je fais en ces moments délicats, Monsieur de Beaumarchais ? Je joue ! Et si, malicieusement, vous vous demandez « à quoi », je ne peux que vous répondre ce que je répondrai dix mois plus tard à un médecin major qui vient de me poser la même question lors de mon conseil de révision. Ne croyez surtout pas que je veuille donner une priorité à ma vie en prétextant découvrir la vôtre. Je ne livre ces détails, peu glorieux pour moi, que pour mieux vous faire comprendre dans quel état je suis arrivé à notre première rencontre...

*

Imaginez, le nez chaussé de lorgnons penché sur un grand registre, imaginez un médecin major en uniforme. Il vient de m'intimer l'ordre d'aller « me faire voir » à Clermont-Ferrand, pour cet examen auquel je me présente, par erreur selon lui, à Vichy ! Et je viens de lui répondre :

— Je ne peux pas.

Le regard toujours obstinément posé sur son registre, le médecin major grince :

— Pourquoi ?

— Je joue.

— A quoi ?

Les répliques se sont échangées très vite. Mon médecin major a redressé la tête. En quittant le registre, son regard n'est pas devenu plus amène. Ai-je gardé une voix et un visage d'enfant ? Je lis dans ses yeux qu'il ne peut s'agir pour lui que de jouer aux billes, au cerceau ou avec des allumettes ! Mais en aucun cas à ce qui est ma vérité de l'heure : LE THÉÂTRE.

— Tu joues à quoi ? répète-t-il, l'ironie un peu lourde.

Il n'est pas aisé quand on est « à poil », en file indienne (tous les anciens conscrits me comprendront), de révéler à un médecin major en uniforme, et devant cette jeune communauté volontiers rigolarde, le caractère particulier de mon activité, encore dénigrée en ce temps-là dans les milieux bien-pensants. Quéquette boudeuse à l'air, je ressens soudain la cruelle solitude de l'artiste face à la mésintelligence béotienne d'une société égalitaire. Je prends courage et je lâche :

— Au théâtre... je joue... au théâtre...

Visiblement, je ne suis pas tombé sur un aficionado, Monsieur de Beaumarchais.

Ahuri, tant ma réponse l'éloigne de sa routine du moment autant que moi de l'univers exotique où je me trouve, mon major murmure incrédule :

— Au... théâtre...

— Oui... au... (ma voix s'amollit) au... Casino des Fleurs...

Tête du major. Rires étouffés sous la main des « à poil » qui m'entourent. Un peu hébété, mon major me passe en revue de la tête aux pieds comme pour s'assurer d'une virilité menacée par un casino et ses fleurs, et finit par grogner en me remettant un formulaire :

— Oui... bon... Ben, j'm'en fous ! Faut qu't'ailles à Clermont.

Je n'irai jamais à Clermont, Monsieur de Beaumarchais. Je ne ferai jamais de service militaire. Je serai – classe 44 – considéré comme y ayant satisfait. Ouf ! Permettez-moi de vous dédier cette image martiale, cher Pierre-Augustin, que, pas plus que la jeunesse libérée du XXIe siècle, vous n'aurez connue. Souvenir croustillant et fraternel que j'adresse à mes vingt ans. Car si ce n'est pas encore votre *Barbier* que je joue à ce Casino des Fleurs de Vichy, Pierre-Augustin Caron, c'est que j'ai bien du retard sur vous. Vous bénéficiez d'une éducation rude mais saine en cette première moitié du XVIIIe siècle. Elle nous manque beaucoup en ce début du XXIe !

Pour exercer son métier d'horloger, votre père, dix ans avant votre naissance a dû abjurer sa foi protestante pour épouser la foi catholique. C'est la loi : révocation de l'édit de Nantes oblige ! Sinon pas d'horloger. A treize ans, vous travaillez donc comme tel chez papa. Adoré par vos sœurs, admiré par papa Charles pour votre travail, vous menez entre deux montres ou deux horloges une vie, déjà, un peu agitée. Et papa s'aperçoit un jour que, pour satisfaire peut-être au caprice d'une personne du sexe opposé, plus âgée que vous et dont la privation vous poussera au suicide – raté, mais tout de même – ...vous volez !!! Pour être cocu (à treize ans), vous n'en êtes pas moins homme. Papa vous flanque à la porte. Vous ne reviendrez dans son atelier, qui est aussi le vôtre, qu'après vous être soumis aux termes d'un contrat spartiate qu'il vous contraint de signer. Je résume :

Premièrement : Vous ne vendrez, ne ferez rien sans m'en rendre compte. Même pas une vieille clé de montre. Sinon je vous chasse sur-le-champ.

Deuxièmement : Vous vous lèverez l'été à 6 heures, l'hiver à 7. Vous travaillerez jusqu'au souper, sans répugnance. Souvenez-vous que *si vous ne devenez pas le premier*, vous ne méritez aucune considération. J'entends que vous n'emploierez les talents que Dieu vous a donnés [sic] *qu'à devenir célèbre dans votre profession*.

Troisièmement : Vous ne souperez plus en ville. Ni ne sortirez le soir.

Quatrièmement : Vous abandonnerez totalement votre malheureuse musique. Je vous permets seulement la viole et la flûte... à condition de n'en user que les après-souper des jours ouvrables... *sans interrompre le repos des voisins*... et le mien !

Suivent alors les conditions d'entretien et de rémunération de votre travail, cher Pierre-Augustin : 98 livres par mois ainsi que le quart du bénéfice retiré de tout ce que votre talent procurera à la réussite commune, faute de quoi papa ne se laissant pas vaincre en générosité, vous ne mériterez pas, Pierre-Augustin, le bonheur d'être accepté en sa maison !

Et vous signez ! Et grâce à cette rigueur, à l'âge où je suis « à poil » devant mon major, vous avez déjà inventé un système d'échappement à ancre pour les montres et les pendules qui va permettre aux Français et à l'Europe (y compris les Suisses) de vivre enfin à l'heure juste. Alors que chacun a pris l'habitude de toute éternité d'être en retard ou en avance d'une demi-heure au moins « urbi et orbi » à la Cour comme à la ville. C'est une révolution. Notre époque va en profiter : votre invention va perdurer plus de deux siècles !

A vingt et un ans, Pierre-Augustin Caron, vous êtes connu. A vingt-deux, vous êtes célèbre ! Moi, je suis élève au Conservatoire...

Pas encore de Beaumarchais, vous allez livrer et remporter votre première bataille. Votre idée vous a été volée par l'illustre Jean-André Lepaute, horloger du roi, membre de l'Académie des sciences. A juste titre fier de vous, vous lui avez naïvement livré peu à peu tous les secrets de votre travail. Il a flairé aussitôt l'importance exceptionnelle de cette découverte et, sans trop de scrupules, il s'en est attribué le mérite. Il en a donné communication à l'Académie après l'avoir présentée au roi. Que fait alors le petit Caron, ouvrier anonyme de vingt et un ans ? Sans complexe, vous décidez d'écrire au *Mercure de France* ! C'est *Le Monde* doublé du *Journal officiel* de notre temps. (Je n'ose pas écrire *Le Figaro*, qui ne paraîtra qu'au siècle suivant.) Je résume. « J'ai lu, Monsieur, avec le dernier étonnement dans votre numéro de septembre 1753, que le sieur Lepaute annonce *comme de son invention* un nouvel échappement de montre... Il m'importe trop pour l'intérêt de la vérité de garder le silence sur une telle infidélité... Mais pouvais-je me persuader que le sieur Lepaute se mît jamais en devoir de s'approprier cet échappement que je lui ai confié sous le sceau du secret... J'ose me flatter, Monsieur, que vous voudrez bien insérer cette lettre dans votre prochain journal... »

Et vous signez : 15 novembre 1753, Caron fils, horloger rue Saint-Denis !

Et cela marche. *Le Mercure* s'exécute. Il publie !

Malgré les relations du sieur Lepaute ! Ce qui frappe le plus en lisant cet extrait de votre lettre, Pierre-Augustin – encore Caron –, c'est la qualité de votre dialectique. Je me demande si, dans notre société actuelle de progrès, de culture, de liberté, d'ordinateurs, de textos et de web, on trouverait encore un horloger de vingt et un ans capable d'argumenter de la sorte. Remerciez papa et maman : vous avez été bien élevé, Pierre-Augustin ! Au sein d'une famille « artiste » qui aimait la poésie, lisait des romans anglais et pratiquait la musique. Pas de haute naissance, certes, mais doué de façon peu commune, vous avez formé avec elle une sorte d'atelier théâtral où concerts et représentations occupaient bien des loisirs. Cela laisse des traces. Seul garçon, entouré de vos cinq sœurs adoratrices – petit veinard ! –, vous étiez, dès votre jeune âge, le roi de ce royaume dont la mort avait auparavant exclu quatre de vos frères et sœurs. Sous l'impulsion et le désir d'un mari ex-protestant devenu catholique, votre brave mère avait donc dix fois mis au monde. Et jusqu'à treize ans, elle vous avait bien appris à écrire, à compter et à lire, tant l'histoire que le latin et... le français – sans méthode globale – dans votre collège d'Alfort. Sans doute vos parents avaient-ils soupçonné très tôt une part de ces richesses que vous portiez en vous. Moi, mon père était comptable et ma mère était morte...

Le 4 mars 1754, l'Académie des sciences rend

son jugement : « Le sieur Caron doit être regardé comme le véritable auteur du nouvel échappement de montre le plus parfait... Le sieur Lepaute n'a fait qu'imiter cette invention. » Vous avez gagné ! Vous êtes encore Caron mais c'est à Versailles qu'est reçu, par le roi Louis XV lui-même, ce Caron-là ! Etait-elle donc si pervertie cette monarchie dont l'absolutisme autorisait une telle ascension sociale ?

2

Au temps où je la fréquentais, je vous ai vu souvent à la Comédie-Française. Bouche fermée, menton volontaire, air narquois, pas spécialement câlin, peint par Nattier, vous semblez défier l'avenir. Et c'est dans le bureau de « Monsieur l'administrateur » qu'on vous avait installé. Quel patron vous auriez été !

On imagine très bien votre arrivée à Versailles. Paraissant d'aussi haute naissance que la plupart de ceux qui fréquentent la Cour, vous ne passez pas inaperçu. Taille haute, bien prise, plus Almaviva que Figaro, regard assuré « toujours en belle humeur », fort « d'une ardeur qui s'allume » en vous, dès que paraît une femme, vous séduisez tout le monde. Sauf les hommes bien entendu. A défaut d'être aussitôt à vos pieds les femmes, toutes les femmes, vous observent avec une curiosité proche du désir : vous ne les repousserez jamais. Né pour le bonheur, vous allez devoir vous battre, Monsieur de Beaumarchais, pour satisfaire votre insatiable avidité de tout, « fortune, un rang, des places ». Votre appétit va vous contraindre à relever tous les défis. Vous n'en mesurez pas encore tous les dangers.

Pour l'heure, sur la demande du roi, vous êtes invité à fabriquer pour Madame de Pompadour une montre dont votre échappement sera, si j'ose dire, la vedette. Après des jours et des jours de travail, vous réussissez à fabriquer la plus petite montre du monde. Elle s'inscrit dans le chaton d'une bague. Le roi s'étonne. Cette montre ne dépasse pas un centimètre et demi et peut marcher trente heures. Pour la remonter, il suffit de tourner le cercle d'or du cadran. A l'exemple du roi, tout le monde s'émerveille – sauf votre respect – devant le chaton de la Pompadour. Vos longues heures de patientes recherches trouvent là encore leur juste récompense. Cela ne vous rapportera pas plus d'argent – car les grands « ne paient pas » – que ce *Barbier de Séville* qui, vingt ans plus tard, n'aura pas assez vécu « pour payer son parent de tous ses soins », mais Versailles vous accueille à bras ouverts. C'est un privilège dont vous saurez profiter, cher Pierre-Augustin (pas encore de Beaumarchais mais ça se rapproche !). Puis-je vous demander cette fois encore de retarder les pendules, afin de vous expliquer comment je suis arrivé à vous ?

*

Octobre 1943. J'ai dix-neuf ans depuis un mois. Je sors du collège, tel le héros d'Alfred de Musset d'*Il ne faut jurer de rien*. C'est presque un avertissement que ce titre pour le jeune blondin que je suis, mais il ne m'empêche pas d'espérer tout. Bac de philo en poche, obtenu à la session de septembre, après des études approximatives, bousculées par la mort de ma mère et la guerre, je cherche du travail. Je suis J3, catégorie d'âge qui ne permet guère de manger à sa faim, malgré les tickets de ravitaillement qui l'honorent. Pour vivre, je vends des journaux pieusement recueillis... rue du Croissant ! Quel symbole ! Vers 6-7 heures du matin, je crie dans les rues « demandez *Le Matin* ! demandez *Aujourd'hui* ! », ce sont les journaux de l'Occupation. Dans l'une de ces rues je rencontre un jour un ami de mon frère qui me dit qu'un certain docteur Julien recrute des acteurs pour partir en tournée. Miracle !

— Tu jouerais dans les camps de prisonniers et dans les usines, pour les ouvriers du STO (Service du Travail Obligatoire).

J'ai déjà une vague, très très vague expérience théâtrale, éprouvée devant un public de parents et d'amis au patronage de Saint-Ferdinand des Ternes, 10, rue Roger-Bacon, Paris 17...

Non, ce n'est pas encore votre *Barbier*, Monsieur de Beaumarchais, moins encore votre *Mariage* que nous avons joué là. Molière aura toujours une priorité sur vous dans les lycées et collèges. Courteline une autre dans les familles bourgeoises. Sans oublier également Labiche et sa *Grammaire*.

Après le rituel *Médecin malgré lui* et *La Paix chez soi*, nous avons même eu l'audace de monter *Knock* ! Mon Dieu, si Jules Romains que je rencontrerai dix ans plus tard à la Comédie-Française l'avait su ! Par bonheur, il s'était réfugié en Amérique.

Sans modestie, et comme tout chef de troupe, je me suis attribué bien entendu le rôle principal. Je vais en être puni.

Au troisième acte, mon personnage doit indiquer à son interlocuteur, d'un geste précis, le trajet accompli par un thermomètre vers la partie destinée à le recevoir.

— Songez, dit Knock, que dans un instant, il va sonner 10 heures, et que, pour tous mes malades 10 heures c'est la seconde prise de température rectale... Et dans quelques instants, deux cent cinquante thermomètres vont pénétrer à la fois...

J'ai emprunté le pantalon gris fantaisie de mon père, quatre-vingt-treize kilos, pour jouer le rôle et parfaire mon imitation de Louis Jouvet. Hélas ! je dois en peser à peine la moitié. Dans cette envolée lyrique, commandée par le texte, geste assuré et diction mordante, mon élan est tel que le pantalon de papa, mal arrimé, tombe en accordéon sur mes talons, à la seconde précise où les deux cent cinquante thermomètres pénètrent... Je peux vous affirmer,

Pierre-Augustin, que jamais Jouvet, créateur du rôle, n'a fait rire autant que j'ai fait rire mes camarades, et le public, ce soir-là.

Fort donc de ces expériences approximatives, je rencontre le docteur Julien. La cinquantaine étonnée, assis dans un fauteuil confortable, cet étrange personnage, bandeau noir sur l'œil droit, mains gantées également de noir – je saurai plus tard que la gauche est une prothèse articulée, je jure que je n'invente rien –, me regarde de son œil unique, interrogateur mais souriant. Si j'ose ce saut dans le temps, Monsieur de Beaumarchais, il ressemble au personnage paranoïaque et diabolique de Blowfeld, le patron du S.P.E.C.T.R.E. dans les James Bond, moins le chat blanc sur les genoux.

— Que voulez-vous ?

La voix est douce. L'inflexion aimable.

— Il paraît que vous cherchez des acteurs.

Un temps.

— Vous êtes acteur ?

— Euh...

Il précise alors :

— Non... mais, vous voulez « devenir » acteur...

— Ben...

— Que savez-vous ?

— Pour ?

— Pour que je puisse vous entendre, dit-il d'une voix toujours aussi douce. Juger de vos capacités.

— Ah ! Euh...

— Alors ?

— Une fable de La Fontaine.

C'est la première chose qui me soit venue à l'esprit. Mes études littéraires ont eu leurs faiblesses mais je sais par cœur *Les Animaux malades de la peste.*

— Je vous écoute.

Je débite :

Un mal qui répand la terreur,
Mal que le ciel en sa fureur
Inventa pour punir les crimes de la terre...

Quand, après un silence de stupeur réciproque, j'ai achevé l'audition :

Les jugements de cour
Vous rendront blanc ou noir

je vois dans l'œil unique du docteur Julien que je suis engagé !

Quelques jours plus tard, ce sont les deux yeux éberlués de mon père que je vois ! Penché sur le contrat qu'il doit signer puisque je suis mineur, il vient de lire les conditions de cet engagement. Il n'a retenu que le chiffre : mille cinq cents francs par cachet ! Alors qu'il gagne, lui, deux mille cinq cents francs *par mois* dans son emploi de comptable !

J'espère, Pierre-Augustin, ne pas lasser votre patience qui ne fut pas proverbiale en vous contant par le menu cette période aventureuse de mon existence. Mais je vous en donne ma parole, nous n'allons pas tarder à nous rencontrer.

Un ange n'a jamais cessé de veiller sur mon salut : ma mère. Et là, je ne plaisante plus. Elle était morte en novembre 1941. Elle m'avait permis – en cachette de mon père ! – de fréquenter pendant une semaine un cours de comédie. Or, le docteur Julien appartenait à la « KRAFT DURCH FREUDE », organisation allemande, chargée de mettre en place les tournées théâtrales pour les usines et les camps de prisonniers ! Ni mon père, aveuglé par le montant du cachet, ni moi n'avions pensé au guêpier dans lequel j'allais me fourrer ! Des conséquences graves, pour lui et pour moi, auraient pu surgir après la Libération. D'autres les ont subies...

Je ne suis jamais parti. Tout a été annulé. L'Allemagne avait d'autres soucis que l'organisation de tournées théâtrales. Comment ne croirais-je pas à la présence protectrice de ma mère ?

J'avais rencontré au cours des quelques répétitions une jeune comédienne qui m'avait prononcé un mot magique : « TOURNÉES BARET ».

Je me suis alors retrouvé devant des professionnels français du théâtre. Mêmes questions. Mêmes réponses.

— Qu'est-ce que tu sais ?

— Ben...

Ma fable de La Fontaine. Et après avoir conclu :

Les jugement de cour
Vous rendront blanc ou noir

j'étais engagé pour partir en tournée le 2 janvier 1944 ! A cent vingt-cinq francs par jour ! C'était plus logique. J'ai joué pendant presque six mois. Je vous raconterai cela une autre fois, Monsieur de Beaumarchais. Toujours grâce à cette jeune comédienne, je remplace en rentrant de cette tournée, en juin 1944, un jeune acteur dans une pièce d'Edouard Bourdet – ex-administrateur de la Comédie-Française – (on y vient ! on y vient !), *L'Heure du berger*. Elle est mise en scène par un homme passionné qui va me transmettre son énergie et sa foi dans les premiers cours de théâtre qu'il me donne, Roland Piétri. Lui aussi prononce un mot magique : le nom de votre fils unique, Monsieur de Beaumarchais – tout le portrait de son père –, Figaro.

— Tu vas te présenter au Conservatoire dans *Le Barbier de Séville.*

J'ignore ce qu'est à la fois *Le Barbier de Séville* et le Conservatoire. Je vous ai dit que ma scolarité n'avait pas été exemplaire, Pierre-Augustin. Et si votre famille était « artiste », la mienne – à part un grand-père qui jouait de la trompette dans l'Harmonie municipale de Roubaix – était à des années-lumière de cet univers.

J'achète aussitôt votre *Barbier de Séville* dans les petits classiques Larousse. Piétri m'a dit :

— Regarde attentivement la première scène du premier acte ou la deuxième scène du deuxième acte, et choisis.

Je lis donc la première scène du premier acte. Autant vous l'avouer tout de suite, Pierre-Augustin, je ne lis pas plus avant. Le premier acte commence par une chanson. Ah ! j'aime bien !

Bannissons le chagrin
Il nous consume
Sans le feu du bon vin
Qui nous rallume...

Oserai-je encore une confidence, Pierre-Augustin ? J'ai failli devenir chanteur. J'ai même auditionné dans un music-hall du boulevard Montmartre, proche du musée Grévin, qui, hélas, n'existe plus : Le Petit Casino. J'y ai chanté :

Ah ! Qu'il est beau le débit de lait
Ah ! Qu'il est laid le débit de l'eau
Débit de lait si beau
Débit de l'eau pas laid...
S'il est un beau débit
C'est bien le beau débit de lait...

Ce n'est pas immortel. Mais c'est tout de même

de Charles Trenet pour la musique et de Francis Blanche pour les paroles. Francis Blanche, pour ceux qui l'ont aimé, reste cet humoriste vivant entre deux farces, aux pensées pleines de bon sens : « On n'a que l'âge de ses obsèques » ; ou encore : « On m'a demandé mon opinion sur le mariage entre comédiens... Je ne peux pas répondre : *je n'ai jamais épousé un comédien* et aucun ne me l'a proposé d'ailleurs ! »

Ecrite dans un tramway de Bruxelles en 1943 alors qu'ils y sont tous les deux en tournée, la chanson était très à la mode quand je me suis retrouvé au Petit Casino pour la chanter un mois avant d'entrer au Conservatoire, en octobre 1944.

Hélas ! je n'ai convaincu personne avec mon débit de l'eau. Tant mon débit vocal est resté discret. Fasciné par une danseuse nue qui « auditionnait » avant moi, j'avais perdu une grande partie de mes moyens et de ma concentration.

Ma mère veillait aussi sur ma vertu. C'est donc chez une dame plus âgée que, un mois plus tard, je suis reçu au Conservatoire, Madame Béatrix Dussane.

Plus tard je vais travailler avec elle votre Barbier, Monsieur de Beaumarchais. La scène de l'acte II avec Rosine. Dussane m'a conseillé de lire votre préface : « La lettre modérée sur la chute et la critique du *Barbier de Séville* ». Dieu que c'est long !

Mais la première phrase me parle, « m'interpelle », comme il est dit de nos jours.

« Je souhaite vous rencontrer, écrivez-vous, dans un de ces moments heureux où, dégagé des soins, content de votre santé, de vos affaires, de votre maîtresse, de votre dîner, de votre estomac, vous puissiez vous plaire un moment à la lecture de mon *Barbier de Séville*. Car il faut tout cela pour être homme amusable et lecteur indulgent. »

Suis-je homme amusable ? J'ai vingt ans. C'est la guerre. Je vous avoue que je suis plus proche de Raskolnikov et de *Crime et Châtiment* que de votre *Barbier*.

Pour mon dîner, vous repasserez, Pierre-Augustin ! En 1944 il est plus que frugal ! Et cela va durer – restrictions et tickets obligent – jusqu'en 1948 pour les plus pauvres dont je suis.

Pour mes affaires... je suis reçu au Conservatoire, grâce à vous.

Pour ma santé... mon Dieu... ça va.

Quant à la maîtresse : R.A.S. !

Je poursuis la lecture de votre « Lettre modérée », que vous souhaitez indulgente, j'y découvre alors que vous avez écrit deux drames. *Eugénie* et *Les Deux Amis*. Nous subissons tous, auteurs et acteurs, le besoin de nous éloigner parfois de ce pourquoi nous sommes faits : le bonheur ! Vous avez pris un « bide » avec vos *Deux Amis* ! Quant à *Eugénie*... vous en souffrez encore. « Ah ! Les efforts de la cabale ! » Comment convaincre un auteur dramatique de ses torts ? L'Angleterre va venir à votre secours. Le grand acteur anglais Garrick vous lit, vous fait traduire et adapter. Votre drame bourgeois devient, grâce aux Anglais, une satire sociale, et le tour – votre pièce – est joué ! Avec succès. Vous avez plus de chance que Sacha Guitry dont le retentissant échec de *La Clé* reste en lui, deux siècles plus tard, le signe d'une triste injustice.

On reparlera ensemble de Sacha, si vous le voulez bien, Pierre-Augustin. Deux cent dix-huit ans après votre naissance, il écrit une pièce sur vous... et sur lui ! Faisant ainsi d'une pièce deux coups. Ce n'est pas un chef-d'œuvre. Sacha, encore accablé en 1950 par les injustices qu'il a subies après la guerre et la Libération, raconte votre vie en pensant à la sienne. Néanmoins, c'est avec la plus grande admiration qu'il vous mène devant le tribunal de l'immortalité – où il aurait préféré se voir plutôt que devant ceux de l'épuration – et dont curieusement il commence peut-être à s'approcher. Ecoutez ce qu'il dit de vous dans sa préface (courte, elle !).

« Avoir été l'homme le plus aimé et le plus haï du XVIIIe siècle.

« Avoir été léger, narquois, rusé, mordant.

« Après avoir aimé l'amour et dévoré la vie.

« Avoir démasqué l'imposture.

« Avoir combattu l'injustice et fouaillé la sottise.

« Avoir été l'instigateur de l'événement politique le plus considérable de son époque. »

Avoir changé trois fois de nom (je précise pour ceux qui l'ignoreraient, en dehors de Beaumarchais : Caron, Ronac, et même Hortalez !).

« Avoir eu cinquante navires.

« Avoir été l'agent secret du roi.

« Avoir été mis en prison trois fois.

« Et ne s'être jamais departi d'un sourire propre à le faire exécrer jusqu'au jour de sa mort... n'était-ce pas assez pour devenir le personnage central d'une comédie ? »

Cette comédie, Sacha l'a faite, Pierre-Augustin. Et si nombre de ses attendus plaident en sa faveur autant qu'en la vôtre, il va même jusqu'à affirmer – négligeant Marivaux – que vous êtes le plus grand auteur dramatique de votre temps ! Ce qui prouve que les créateurs peuvent se révéler excellents critiques, même si on ne partage pas leur jugement, quand on aime Marivaux et son *Jeu de l'amour et du hasard*, ses *Fausses Confidences*, et sa *Double Inconstance.* Mais fi des querelles littéraires posthumes ! Sacha vous aime, Pierre-Augustin, pour bien des raisons. Vous avez quelques caractères communs dont le souci « de rire de tout de peur d'être obligé d'en pleurer », une célébrité rencontrée à vingt ans, grâce à votre échappement et au chaton de la Pompadour, et, pour Sacha, sa première pièce et le triomphe de *Nono* ! N'en déplaise à vos biographes, si les détails de votre vie racontée par lui s'éloignent de la stricte vérité historique, vous verrez, quand nous lirons ensemble quelques extraits de son *Beaumarchais*, que Sacha parle de vous avec les deux qualités maîtresses que vous possédiez aussi : la légèreté et l'esprit. Il a travaillé jusqu'à son dernier souffle. Vous aussi. Il aimait la France. Vous aussi. La seule différence : il a écrit une centaine de pièces. Vous... cinq ! Les affaires et la politique vous ont bien plus occupé. Vous étiez en somme un intermittent du spectacle...

Pierre-Augustin, pardon ! Je me suis encore égaré dans une de ces parenthèses qui vous ont tant impatienté, vous, l'homme pressé.

*

J'entre donc avec vous et à la suite de votre *Barbier* au Conservatoire. J'en suis renvoyé deux ans plus tard à cause des tragiques grecs ! Pas plus que vous, je n'étais fait pour eux. Je vous compte l'affaire, en SMS pour aller plus vite.

Mai 1945. Examen de littérature. Le sujet : le théâtre de Sophocle et d'Euripide. J'ignore tout d'eux. Sans le savoir, ni en connaître encore l'auteur, j'applique le premier principe scolaire de Guitry : « *Pourquoi apprendre ce qui est dans les livres puisque ça y est !* » L'examen se passe dans la bibliothèque du

Conservatoire. Je me lève. Me dirige vers un rayon précis. Stupeur du professeur qui observe le manège.

— Piat ! Qu'est-ce que vous faites ?

— Je prends un livre sur Sophocle.

— Vous vous foutez de moi ?

— Non, pas du tout, mais...

J'ai beau lui expliquer que ne sachant rien sur le sujet je pourrais, au lieu de remettre une copie vierge, combler le fossé qui me sépare de Sophocle... C'est une forme d'humour qui ne lui parvient pas. Professeur nouvellement nommé, plus habitué à la discipline universitaire qu'aux facéties des acteurs, même novices, il m'applique, lui, la sanction proportionnée à ma désinvolture : zéro pointé ! Interdit de concours en deuxième année ! Donc pas de troisième année possible. En ce temps-là le Conservatoire ne rigolait pas avec la discipline. L'amusant, cher Pierre-Augustin, c'est que mon bourreau d'alors, Monsieur Van Tieghem, va écrire douze ans plus tard une biographie : *Beaumarchais par lui-même*, qu'il me dédicacera en 1962 ! « Au plus Figaro des Figaros que je connaisse. » Sans rancune, pas plus que moi d'ailleurs, Monsieur Van Tieghem accordait avec le temps une indulgence plénière aux animaux étranges. Mais avouez, cher Pierre-Augustin, que même dans l'adversité nous étions faits pour nous rencontrer.

Avançons dans le temps, voulez-vous ?

1947. Viré du Conservatoire, je suis avec vous en

cet après-midi du 10 juin vers 15 heures, sur l'auguste scène de la Comédie-Française. J'auditionne, après avoir reçu une lettre de l'administration m'y invitant, dans votre *Barbier*. Comme la fable de La Fontaine, l'entrée de Figaro c'est un peu mon refrain populaire, mon tube de l'été. Et je chante.

Bannissons le chagrin
Il nous consume
Sans le feu du bon vin
Qui nous rallume, etc.

Encore trois répliques et l'audition se termine.

ALMAVIVA
Sauvons-nous.

FIGARO
Pourquoi ?

ALMAVIVA
Viens donc, malheureux ! Tu me perds !

Moi, j'ai gagné. Grâce à vous. Une lettre de l'administration m'apprend quelques jours plus tard que je suis engagé comme pensionnaire à partir du 1er septembre 1947... aux appointements de 14 333 francs par mois. Je vous précise le chiffre, même s'il est modeste, car je sais que l'argent ne vous a jamais laissé indifférent. Je n'ai pas, moi, inventé un système d'échappement, puisque je ne sortirai de la Comédie-Française que vingt-cinq ans plus tard (je ne le sais pas à cette minute-là), mais je vous dois ma première grande émotion professionnelle, Pierre-Augustin. Etre de « la Comédie-Française » en 1947, cela veut dire quelque chose, soyez-en bien persuadé.

3

Pourquoi suis-je entré dans cette noble institution ?

Elle est souvent décriée, parfois malade mais toujours renaissante.

Cinquante-six ans plus tard, « à l'heure où les ombres s'allongent », on vit avec le souvenir protecteur des morts, et cette approche peut mener jusqu'à la foi... en quelque chose. Je n'avais jamais eu l'idée d'entrer au Français, je vous en assure Pierre-Augustin, pas plus qu'au Conservatoire. Question d'âge ou de superstition ? Je crois, là encore, que ma mère m'a indiqué cette route à suivre. Seul moyen de rassurer mon père à qui quatre ans auparavant j'avais avoué mon intention de « faire du théâtre ». Sans s'y opposer formellement, il m'avait alors répondu : « Je veux bien, mais il faudrait peut-être faire quelque chose de sérieux à côté ! » Ma mère m'avait guidé vers vous et me donnait ainsi le moyen de paraître sérieux, de délivrer mon père d'une sourde inquiétude, lui qui depuis les années 30 courait après la « stabilité de l'emploi » :

« Elle a raison ma mère, elle a raison, raison, toujours raison ! » faites-vous dire à votre Figaro à la fin du quatrième acte du *Mariage*. Pensai-je alors à elle en vous jouant ? Non. Mais j'entrais au Théâtre-Français. Avait-elle raison, ma mère, de m'y faire entrer ? Aujourd'hui encore, je le crois. J'ai raté différentes aventures. J'en ai réussi d'autres. C'est toujours le prix à payer. Quel que soit le chemin.

Voulez-vous une preuve supplémentaire de votre présence et de la sienne à mes côtés, Pierre-Augustin ?

Janvier 1948. Coup de téléphone.

— Vous jouez jeudi.

C'est Pierre-Aimé Touchard, administrateur de la Comédie-Française, qui vient de m'apprendre cela.

— Je joue quoi ?

— *Le Barbier* !

— Mais...

— Mais quoi ? Cela ne vous fait pas plaisir ?

— Ben...

Pierre-Augustin, comment pourrais-je expliquer à Pierre-Aimé que je connais le texte de la première scène mais pas un seul mot de la suite ! Alors, « Vous jouez jeudi »... ça me laisse perplexe !

— On est lundi, explique le téléphone. Vous avez deux jours de répétition. Vous allez pouvoir vous débrouiller.

Je ne suis ni horloger ni comptable, mais deux jours ça ne fait jamais que quarante-huit heures pour apprendre quatre actes. Douze heures par acte en quarante-huit heures si on ne mange ni ne dort, c'est pas dans la poche.

— Je ne sais pas le rôle, Monsieur l'administrateur.

Un temps, très long.

— Comment cela... vous ne savez pas « le rôle » ?

— Ben... non...

— Mais vous avez auditionné dedans !

— Oui... dans la première scène, mais...

— Et alors ?

— Alors, rien.

Pierre-Aimé Touchard est un ami de Roland Piétri. Il n'a pas le même tempérament corse et passionné que lui, mais visiblement pas une minute à perdre.

— Vous prenez le risque ou non ?

Qu'auriez-vous fait à ma place, Pierre-Augustin ? Vous qui avez écrit : « La difficulté de réussir ne fait qu'ajouter à la nécessité d'entreprendre. » Vous dont la devise était : « Il faut voir ? Non. Il faut faire ! » J'ai pris le risque. « Elle a raison ma mère, elle a raison. » Je me suis aligné le jeudi en matinée à 14 h 30 ! Voilà pourquoi je n'ai pas eu le loisir de vous connaître avant de vous jouer. Voilà pourquoi quelques fameuses répliques... :

— Un grand nous fait assez de bien quand il ne nous fait pas de mal.

— Aux vertus qu'on exige dans un domestique, Votre Excellence connaît-elle beaucoup de maîtres qui fussent dignes d'être valets ?

— Fi donc, malheureux ! Tu as l'ivresse du peuple !

— C'est la bonne, celle du plaisir !

— De l'esprit pour s'avancer ? Monseigneur se rit du mien. Médiocre et rampant et l'on arrive à tout...

...n'ont alors rien allumé d'autre en moi que le plaisir de les dire et d'en goûter le succès.

Vouliez-vous, même innocemment, changer le monde, comme on l'a écrit, et comme chaque génération s'y emploie, plus ou moins utilement, depuis qu'il existe ? Je ne le crois pas. Vous avez épousé les idées de votre temps, comme tous les auteurs dramatiques. « Ceux qui n'auront pas vécu au XVIIIe siècle n'auront pas connu la douceur de vivre », aurait dit, paraît-il, Talleyrand. Si l'on en croit l'état permanent des humeurs et des affaires, on en est toujours à l'attendre cette douceur-là ! Mais « l'homme le plus dégourdi de la nation » tel que vous appelez votre Figaro, c'est-à-dire vous-même, Pierre-Augustin, avait le simple goût de plaire et de faire – je vous cite – « une pièce d'imbroille [imbroglio], une pièce amusante et sans fatigue pour que l'ouvrage devînt une comédie fort gaie ». Et là-dessus, chapeau ! Même si certaines de ses répliques sont l'indice d'une force nouvelle qui peu à peu va s'imposer avec violence et souvent sans discernement : *l'opinion.* Cela dit, je peux vous jurer qu'on se délecte en vous jouant. Le théâtre est d'abord un langage : le vôtre se goûte et se mâche comme un bon plat. On salive avec votre Figaro quand il dénonce la république des Lettres :

« [...] qui est celle des loups, toujours armés les uns contre les autres et que livrés au mépris où ce risible acharnement les conduit, tous les insectes, les moustiques, les cousins, les critiques, les envieux, les feuillistes, les libraires, les censeurs et tous ceux qui s'attachent à la peau des malheureux gens de lettres, achevaient de déchiqueter et sucer le peu de substance qui leur restait ; fatigué d'écrire, ennuyé de moi, dégoûté des autres, abîmé de dettes et léger d'argent, à la fin convaincu que l'utile revenu du rasoir est préférable aux vains honneurs de la plume, j'ai quitté Madrid ! Accueilli dans une ville, emprisonné dans l'autre, et partout supérieur aux événements, loué par ceux-ci, blâmé par ceux-là, aidant au bon temps, supportant le mauvais, me moquant des sots, bravant les méchants, riant de ma misère et faisant la barbe à tout le monde... »

Ce rythme singulier donné à votre phrase est tel qu'il n'y a qu'à le suivre pour exprimer l'extraordinaire jubilation, la force et la santé du personnage. Rossini d'ailleurs ne s'y est pas trompé dans son opéra. Sa musique épouse votre rythme. On garde – nous les animaux étranges – de cette joyeuse colère, de cette philosophie qui « se presse de rire de tout de peur d'être obligé d'en pleurer » le regret que la politique, l'intrigue, le goût des affaires, de l'argent, le besoin d'être et de parvenir aient pris le pas sur l'auteur dramatique, parangon de virtuosité et d'habileté à la française, de génie même – à l'image de cet échappement de montre – qui est la marque de fabrique de votre théâtre.

Pourquoi êtes-vous entré en politique, Pierre-Augustin ? Premier en horlogerie, vous auriez pu devenir le peintre scrupuleux de votre siècle et de cette politique qui vous attirait tant, à condition de n'y point entrer ! Vous l'intelligence faite homme, vous n'étiez ni Richelieu ni Mazarin ni Talleyrand, mais si bien vous-même ! Pourquoi êtes-vous entré en politique, Pierre-Augustin ? Vous aimiez tant être aimé ! La politique, l'intrigue, que vous estimiez cousines germaines, vous ont conduit de procès en prisons, et de Madrid à Londres pour finir à Hambourg, en exil ! Et vous échappez de justesse à la guillotine en 1793 ! La politique, l'intrigue ont tué Figaro pour faire vivre Begearss, pâle copie de Tartuffe, et vous êtes retombé dans le mélodrame de *La Mère coupable* qui n'a été applaudie que par quelques confrères, ce qui n'est jamais un gage certain d'approbation. Et ne serait-ce pas cette excessive dispersion qui vous a fait préférer Salieri, sa notoriété et sa musique, pour votre opéra de *Tarare*, alors que Mozart avait posé ses notes trois ans auparavant, son génie et sa joie, sur la brochure du *Mariage de Figaro* ?

Pourquoi êtes-vous entré en politique et dans « les affaires », Pierre-Augustin ? Il n'y a guère que dans vos biographies qu'on en parle. Et tout ce que vous avez alors accompli n'intéresse que les historiens ou les amoureux de l'histoire. Vous vous êtes trompé d'ambition ! Le théâtre vous aurait apporté ce « sourire de la multitude » dont vous aviez tant besoin et que ni les affaires, ni la politique ne vous ont apporté. Vous n'aviez pas la peau assez dure, Pierre-Augustin ! Vous le savez bien.

De nos jours où, comme d'habitude, « tout va mal » paraît-il, et où il est si délicat de faire rire avec élégance, on courrait prendre remède à vos pièces. Pourquoi n'avoir été vous-même que dans le *Barbier* et le *Mariage* ? C'est bien peu, Pierre-Augustin, il y a tant de malades...

Ai-je tort quand je vous dis que vous avez été un intermittent du spectacle ?

Certes, on vous a reproché parfois jeux de mots et calembours, mais il faut « laisser gronder les envieux ». Jamais vous n'avez cédé à la vulgarité. Et si Gide dénonce votre manque de gravité dans le comique et trouve à votre *Barbier* plus d'esprit que d'intelligence, c'est, il l'avoue lui-même, en vous relisant. Or la comédie est faite pour être jouée bien plus que pour être lue. Ce qui, soit dit en passant, prouve que les acteurs ont leur petite utilité. Pas vrai ?...

Après ces vaines considérations sur votre œuvre et sur vous-même qui m'échappent comme autant de reproches qu'un père affectueux adresserait à son fils – vous voyez d'ailleurs, je vous appelle Pierre-Augustin –, j'aimerais, Pierre-Augustin donc, vous poser une question. Par quel miracle Caron est-il devenu Beaumarchais ?

Certains de vos biographes indiquent que vous avez séduit une Madeleine Franquet – que d'aucuns orthographient avec un « c » entre le « n » et le « q ». Cela les regarde ! Epouse d'un contrôleur de bouche du roi, cette Madeleine-là obtient de son mari qu'il vous cède sa charge ! On peut en chercher les raisons. Non ? A vingt-trois ans, vous devenez donc, à la place de Monsieur Franquet, contrôleur clerc d'office de la maison du roi, chargé d'accompagner, l'épée au côté, les viandes et rôts proposés à Sa Majesté. Elle est gentille, Madeleine. Monsieur Franquet possède un bois, une petite terre, qu'à sa mort doit hériter Madame Franquet. Ce domaine, ce bois, ce « bos » (en vieux françois) s'appelle Nonmarchet, ou le bois Marchais, ou le Bos Marchais. Vous me suivez, Pierre-Augustin ?

Dans toute bonne pièce – et votre vie en est une exceptionnelle –, il faut, pour que l'action progresse, des conflits, des antagonismes entre les personnages. Ainsi dans votre *Barbier*, le comte Almaviva appelle Figaro « ce coquin de Figaro ». Il lui reproche d'être « paresseux, dérangé », d'avoir été à son service « un fort mauvais sujet ». Or le personnage principal d'une pièce est souvent le porte-parole de l'auteur. Molière, en dénonçant les maux et les travers de la société de son temps, le fait par la bouche d'Alceste écrasant Philinte de ses fureurs et même de sa mauvaise foi ! Molière est à la fois l'un et l'autre. Philinte répond par sa mesure et sa logique aimable aux indignations d'Alceste. Alors ? Réfléchissons ensemble. Ne saviez-vous pas de quoi vous parliez, en estimant Figaro, votre porte-parole, « un fort mauvais sujet, paresseux, dérangé, scélérat, ne songeant qu'à la fortune » ?

« Pour gravir un escalier, il faut mettre le pied sur une première marche », dit la sagesse populaire. Il semble bien qu'à cet instant de votre jeune existence, Pierre-Augustin, un hasard heureux en ait mis deux à votre disposition – Monsieur et Madame Franquet – pour vous aider dans cette ascension vers le bonheur, déjà commencée avec votre échappement de montre inscrit dans le chaton de la marquise de Pompadour.

En 1753, vous êtes horloger rue Saint-Denis. Les vitrines du magasin paternel sont ouvertes à tous les regards. Une dame passe. L'œil fixé à votre ouvrage, vous travaillez sans lever les yeux. Mais on éprouve toujours une sensation bizarre quand quelqu'un vous observe, non ? Même à travers les vitres d'une boutique. C'est physique. Vous levez la tête. Un échange banal s'ensuit. Un sourire peut-être... Le lendemain, ou deux jours plus tard, la dame repasse. Vous avez toujours l'œil fixé sur votre ouvrage. Plus concentré, cette fois, vous ne levez pas la tête. Alors la dame entre ! Elle a une montre à faire réparer.

— Quand sera-t-elle prête ?

— Revenez dans deux jours, Madame.

Deux jours plus tard, la montre n'est pas prête. Ah ! Quelle tristesse. Les regards se sont arrêtés, proches, tout proches sur le rouage défaillant. Du rouage on passe au visage. Le vôtre, Pierre-Augustin, nous le connaissons, charmant, souriant. Celui de la dame ? D'après les quelques portraits entrevus, on peut trouver mieux ! D'ailleurs, plus tard, vous allez trouver mieux. Beaucoup mieux. Mais restons un instant avec Madame Franquet, Madeleine de son prénom. Si l'on en croit Balzac et la pensée du XIXe siècle, la femme de trente ans est déjà une femme d'âge. Alors au XVIIIe siècle, vous pensez ! Or Madame Franquet a trente-quatre ans. C'est pire. Pourtant, vous l'épousez un an plus tard ! Elle en a alors trente-cinq. Ça s'aggrave. Pourquoi ? Consultons encore notre Balzac et sa *Physiologie du mariage*. Que nous dit-il dans sa première méditation ? Je résume :

« Que le mariage est une institution nécessaire au maintien des sociétés.

« Qu'il offre d'incalculables gages de sécurité...

« Que malgré tous ses inconvénients, le mariage *est la source première de la propriété...* »

Tiens tiens ! Sans trop jouer sur les mots voilà déjà quelques réponses aux questions qu'on pourrait éventuellement se poser sur votre attendrissement à l'égard de Madame Franquet et de ses propriétés. Mais il y a mieux. Que nous dit encore Balzac ? « Un homme se marie...

« A : Par ambition... cela est bien connu. (Tiens tiens !)

« B : Par bonté, pour arracher une fille à sa mère. (Madeleine en a passé l'âge.)

« I : *Par intérêt,* mais c'est presque toujours ainsi ! (Tiens tiens !)

« J : Par jeunesse, au sortir du collège, en étourdi ! (Vous en avez, vous aussi, passé l'âge, Pierre-Augustin.)

« L : Par laideur, craignant de manquer de femme un jour. (Ce n'est pas votre cas, Pierre-Augustin, vous êtes le charme même.)

« V : Par vieillesse, pour faire une fin. (Exclu pour vous, vous commencez !)

« M : *Par machiavélisme,* pour hériter promptement d'une vieille... »

Ah ! Nous y voilà...

La montre n'est pas prête. Vous vous offrez de la rapporter dès qu'elle le sera. La dame hésite. Elle est mariée, un peu prude et bonne paroissienne. Son devoir lui défend de jamais penser à personne. Mais son cœur est avide et sa générosité native. Pas fou, vous la comprenez très bien, Pierre-Augustin. Mais, deux jours plus tard, vous lui rapportez la montre quand même.

L'un de vos biographes constate que très vite, séducteur né, vous allez caresser de vos mots, de vos soupirs et de vos silences l'âme de Madame Franquet. On peut, c'est vrai, caresser d'un mot l'âme d'une femme, et pour cela, Pierre-Augustin, vous ne serez jamais en reste. Mais on peut aussi d'une main lui caresser la fesse ! Et bientôt, bel horloger, de mots en mains et de jours en jours, vous allez trouver le chemin de son lit. Et de rencontres en rencontres, vous devenez l'ami du couple, l'ami du mari. C'est classique. Et s'il arrive à Madeleine de soupirer rêveusement en pensant à vous : « Ah ! mon Pierre-Augustin ! », elle ne risque pas d'inquiéter Monsieur Franquet, il porte le même prénom que vous : « Pierre-Augustin » ! C'est pas merveilleux, ça ! On dirait une pièce de Feydeau. Il vous faut l'avouer, Pierre-Augustin, le hasard fait parfois bien les choses ! Et ce qui peut encore renforcer l'opinion de Balzac et ses doutes sur le mariage et son machiavélisme, c'est que Monsieur Franquet meurt un an plus tard d'apoplexie ! On n'est pas plus dévoué.

La place est nette. Vous allez pouvoir épouser Madeleine après le temps nécessaire à un veuvage convenable : onze mois. Que met alors Madeleine dans la corbeille de noce ? Le petit bois Marchais... ou le petit bos (en vieux françois) Marchais ! Vous voilà Beaumarchais pour le reste de votre vie. Et même *de* Beaumarchais, avec sceau à vos armes « de gueule à lion d'or et même à une bande de vair brochant sur le tout ». Ce qui donne encore plus de qualité et meilleure apparence au jeune Beaumarchais que vous êtes, se rendant à Versailles. Et pour vous rendre à Versailles, Pierre-Augustin, il vous faut une garde-robe élégante. L'horlogerie, ça ne paie pas. Qui donc peut subvenir à ces besoins ? Madeleine. Elle vous conduit chez les plus grands tailleurs. Vous voilà paré des plus belles étoffes, vêtu des plus beaux costumes. Savez-vous, que, de nos jours tout cela porte un nom, Monsieur de Beaumarchais ? Au XVIIIe siècle aussi, d'ailleurs. Ce qui donne prise parfois à des commentaires déplaisants. Surtout de la part de la famille de Madeleine qui voit d'un mauvais œil l'éventuelle dispersion des biens de l'héritage Franquet. Car...

... Madame Franquet devenue Beaumarchais est de santé fragile, et au lit elle se révèle parfois défaillante et migraineuse. Comment, Pierre-Augustin, auriez-vous pu avec votre prestance résister à l'appel de certaines jolies dames de la Cour, à Versailles ? Madeleine ex-Franquet connaît alors les affres de la jalousie. Mais aussi et plus gravement le déplaisir des fièvres, et bientôt les atteintes d'un mal indéfini : la typhoïde ou la phtisie. Voilà notre belle épouse qui rend l'âme à trente-six ans. Moins d'un an après votre mariage ! Deux ans après la mort de Monsieur Franquet. Il n'en faut pas davantage pour que la calomnie démarre : « J'ai vu les plus honnêtes gens près d'en être accablés », observe votre Basile dans *Le Barbier de Séville*. On laisse entendre que vous avez empoisonné votre épouse pour vous emparer de sa fortune. On laisse entendre aussi que vous avez abusé de sa confiance pour vous emparer de la charge de son défunt mari. Tout cela est faux et absurde. Tout d'abord, vous avez appelé les plus grands médecins au chevet de Madeleine. Ils ont été impuissants à la guérir. Mais surtout, surtout, vous avez négligé de faire enregistrer votre contrat de mariage, sous le régime de la communauté ! Fatale erreur ! A l'exemple de votre Figaro, généreux et insouciant, cette négligence prouve que, doué pour l'intrigue et les affaires, autant que pour écrire des pièces, vous êtes encore très jeune ! Qu'il vous manque cependant un élément essentiel pour tout mener à bien : la cupidité.

« Que les gens d'esprit sont bêtes », s'exclame Suzanne au premier acte de votre *Mariage*, en regardant amoureusement son *petit Fi, Fi, Figaro*. Vous l'êtes encore à ce moment-là de votre existence, Pierre-Augustin. Distrait en tout cas...

Face aux cris de la famille Franquet, à ceux des créanciers et fournisseurs qui vous cernent, endetté et sans un sou, au fond du trou, tel le ludion dans son bocal, c'est d'un coup de talon (plus ou moins rouge) que le Monsieur de Beaumarchais que vous êtes va remonter à la surface. Mais il va vous falloir « plus de science et de calcul pour subsister seulement qu'on en a mis depuis cent ans à gouverner toutes les Espagnes », ainsi que le constatera avec lucidité votre Figaro, porte-parole soliloquant, au cinquième acte de son *Mariage*. Misères et drames sont souvent – pour ne pas dire toujours – les sources d'inspiration naturelles de tous les auteurs dramatiques pour écrire leurs comédies. Vous ne manquez pas à l'appel. Vos misères et vos drames, vous les donnez en pâture à vos personnages en les habillant d'autant de fleurs que votre gaieté vous le permettra. La création est toujours la victoire essentielle des créateurs. Elle seule leur appartient.

Elle est leur consolatrice, leur raison d'être et d'espérer. Ah ! Pourquoi êtes-vous entré en politique et dans les affaires, Pierre-Augustin ? Oui, je vous ai déjà posé la question, je le sais. Mais je vous la reposerai encore. Je ne suis pas seul à exprimer ce regret. Tous les acteurs me comprennent.

4

C'est au cœur de votre famille, rue Saint-Denis, au milieu de vos sœurs, de leurs amis et amies, que vous allez restaurer une sérénité un instant perdue. Vous ne voulez plus entendre parler d'horlogerie, mais la musique, vous l'aimez toujours. Julie, votre sœur préférée, et dont vous êtes sans doute l'unique amour, pratique la harpe. Avec elle, vous en retrouvez le goût, comme celui de la flûte dans laquelle vous souffliez, il n'y a pas si longtemps. Et c'est par la musique que le jeune veuf que vous êtes, paré des vertus pathétiques et esthétiques d'un deuil qui ne vous accable guère, va prendre son nouvel envol. Votre célébrité, cet « avantage d'être connu de ceux que vous ne connaissez pas », disait Chamfort qui, lui, a soutenu la Révolution mais s'est suicidé devant les horreurs de 1793, cette célébrité dont nous savons, nous « les animaux étranges », combien elle peut être vaine, éphémère et fragile, cette célébrité que vous avez conquise trois ans auparavant avec votre invention et la montre miniature de Madame de Pompadour, cette célébrité s'est sérieusement écornée pendant ces trois ans. Versailles oublie vite ! Pourtant, c'est votre passé proche de premier horloger de France et votre goût de la musique qui vont vous permettre de rebondir. En jouant de la harpe avec vos sœurs, l'idée vous vient d'améliorer le son et les vibrations de l'instrument en modifiant le système du pédalier. Ce système et ce pédalier vont vous ramener à Versailles, jusqu'à Louis XV et ses filles. Esprit ingénieux, la mort de Madeleine oubliée, grâce à vos sœurs Lisette, Bécasse, Fanchon et Tonton (on aime les surnoms au XVIIIe siècle), vous allez rencontrer Loque, Coche, Graille et Chiffe, plus exactement Adélaïde, Victoire, Sophie et Louise, les filles du bien-aimé Louis XV. Entre la harpe et elles, votre destin se noue. Ah ! Comme elles ont bien joué leur rôle, les femmes, dans votre vie, Monsieur de Beaumarchais. Dans la mienne aussi. Mais différemment. Savez-vous par exemple qui m'a parlé, pour la première fois, de votre pédalier modifié sur les harpes ? Une dame dont le nom s'est éloigné de nos mémoires mais qui vous dépasse en prodige, Pierre-Augustin ! Lily Laskine. Vous ne pouvez pas la connaître. Elle naît en 1893 alors que vous avez quitté ce monde en 1799. Permettez-moi néanmoins de vous présenter cette petite bonne femme énergique, souriante, sorte de petit Puck féminin d'une beauté qui ne vous aurait pas frappé d'abord, et qui avait une passion pour vous ! Musicienne d'exception, ce petit troll donne à treize ans son premier récital de harpe à Londres ! Et de décennie en décennie, de concert en concert, elle parcourt l'Europe. Elle fait aussi partie de l'Orchestre national de l'Opéra. Je la découvre un jour dans la fosse d'orchestre de la Comédie-Française. Pour l'amour du théâtre et de vous, elle accompagne un jeune acteur qui, en février 1948, fait ses débuts officiels dans votre *Barbier*, Monsieur de Beaumarchais. Je chante en grattant ma guitare, mais c'est Laskine qui joue de la harpe...

Bannissons le chagrin
Il nous consume
Sans le feu du bon vin
Qui nous rallume...

Et cela sous la direction d'André Jolivet, compositeur de grand talent, entre autres de *La Femme laide* (on peut se demander à quelle femme il pensait !) et qui un jour a renoncé au métier d'acteur pour se consacrer à la musique. Dans un coin plus retiré, au fond de cette fosse, vit un jeune percussionniste débutant qui taquine le triangle, les castagnettes et le tambourin pour accompagner avec toute l'allégresse espagnolisante requise la musique qu'un certain Louis Beyts a écrite pour faire vivre votre *Barbier*, Monsieur de Beaumarchais : Jean-Claude Casadesus !

Ne voyez pas dans ce retour en arrière l'expression d'une quelconque nostalgie mais au contraire le bonheur de vous raconter ce qu'était cette Comédie-Française à l'heure où j'y débutais officiellement en 1948.

Si l'expression « début officiel » n'a aucune signification pour vous – ce que je comprends fort bien, je vais me permettre de vous l'expliquer, que vous le vouliez ou non, aussi succinctement que possible.

C'est un rituel que la Comédie-Française avait maintenu à travers son histoire et le temps, en dépit des épreuves de toute nature, entre monarchies, empire et républiques depuis sa constitution première par la volonté de Louis XIV. Certains acteurs ou actrices engagés comme pensionnaires, en qui la Comédie-Française voyait un avenir de responsabilité, les appelant donc à devenir « sociétaires », c'est-à-dire à faire partie de la Société des Comédiens-Français, étaient admis à effectuer des débuts dits « officiels » dans un rôle de leur choix, ou tout autre rôle que la Comédie-Française estimait être de leur emploi. Soirée publique et d'amitié où la presse était invitée et dont elle rendait compte. On y voyait – du moins de mon temps – se dérouler à la fin de la représentation un petit cérémonial charmant. Après le premier rappel de l'ensemble de la troupe, les sociétaires prenaient la main du jeune ou de *la* jeune pensionnaire, l'amenaient à l'avant-scène puis se retiraient, laissant saluer seul ce nouvel animal étrange qu'on présentait en quelque sorte au public comme on présente un bébé à sa famille, lors de son baptême à l'église. Les dragées, c'étaient les articles, éventuellement élogieux, que l'on pouvait lire dans les journaux les jours suivants. Soirée qui unissait, quelles qu'en soient les suites, tous ceux dont dépend la vie de ce théâtre particulier, de cette institution qu'est la Comédie-Française, elle gravait un instant de douce émotion, inoubliable, dans la mémoire du pensionnaire qui en recevait la charge principale.

Cette tradition, hélas, s'est perdue. Au nom de la sacro-sainte égalité et sous des pressions diverses, obligation a été faite à la Société des Comédiens-Français d'accorder à tout nouveau pensionnaire engagé le droit d'effectuer ces fameux débuts officiels. Or, c'était une prérogative que la Comédie-Française estimait relever de sa seule autorité : les pensionnaires engagés n'étaient pas *tous* destinés à jouer les premiers rôles, à garantir l'avenir de la maison et sa spécificité, mais tout aussi bien à participer à sa mission, à y jouer et à y vivre, ce qui, déjà, n'était pas si mal.

La Comédie-Française a perdu, avec la suppression de cette tradition, si simple et si ancienne soit-elle, une occasion de se rapprocher de son public par l'éventuelle mise en valeur d'un de ses membres. Cet élan d'un soir qu'un tel rapprochement suscitait avait cette raison-là « d'être ». Fermez le ban !

J'ai donc fait mes débuts officiels avec vous, Pierre-Augustin, le 27 février 1948. Et ça s'est très bien passé. La bienséance m'interdit d'en dire plus. Je crois d'ailleurs avoir été le dernier à vivre cette petite fête. Je me demande à ce propos quelle aurait été votre réaction, vous le créateur de la Société des Auteurs, devant un tel renoncement. Vous teniez la Comédie-Française en haute estime puisqu'elle vous a créé *Le Barbier* et *Le Mariage*, bien que les rapports entretenus avec mes illustres prédécesseurs, sociétaires d'alors, n'aient pas toujours été empreints de la plus exquise courtoisie. Ils en portaient d'ailleurs la pleine responsabilité. « A vous la gloire, à nous l'argent », proclamaient-ils aux auteurs dramatiques qui avaient l'honneur d'être joués chez eux. Si l'on pense qu'en dessous de huit cents livres de recette en été, et de douze cents livres en hiver, la pièce représentée devenait alors leur propriété définitive... il y avait de quoi faire une grosse colère ! Cette grosse colère vous l'avez faite. Vous avez créé une société de défense comme, en politique, on crée une commission d'enquête. Seule différence : l'efficacité de la Société des Auteurs que vous avez alors créée est encore totale et reconnue. Tous les auteurs dramatiques qui vous ont succédé depuis le savent et vous en sont reconnaissants.

*

A vingt-cinq ans, vous voilà donc veuf de Madeleine, qui n'aura pas longtemps porté le fier nom de Beaumarchais. Elle vous laisse « nu dans la rigueur du terme, accablé de dettes », détail qui peut-être animera en vous cet amour de l'argent qui a souvent été le moteur de votre action, même si ce moteur a connu bien des ratés ! Ayant perdu, par négligence, le bonheur de vous enrichir de l'héritage de Madame ex-Franquet, vous repartez pour Versailles. Vous allez devenir, d'un coup de harpe, le favori de Mesdames de France, les quatre demoiselles du roi, en leur enseignant la musique. Fort de votre pédalier tout neuf (de harpe) vous vous rendez vite indispensable. Vous leur achetez partitions et instruments, et elles profitent toutes les quatre de votre allant, de votre gaieté. Elles rayonnent du bonheur de votre rencontre. C'est si ennuyeux parfois d'être une princesse plus ou moins contrainte à une grande réserve auprès d'un illustre père et face à des courtisans empressés mais séniles ! A quatre, on s'en protège mieux. Et quel privilège pour elles comme pour vous que ce flirt amical avec votre harpe, votre viole ou votre flûte, tout en se régalant de pâtés et de rôts arrosés de vin de Champagne ! Car elles sont gourmandes, les mâtines ! C'est d'ailleurs le seul bénéfice que vous en tirez car Mesdames sont aussi « économes » que gourmandes ! Mais « les chemins de la fortune sont toujours bizarres », constatez-vous plus tardivement, et ceux que Mesdames vont vous permettre d'emprunter se dessinent, malgré tout, peu à peu. Savent-elles que votre esprit pétillant peut parfois se laisser aller, entre deux notes, à quelques propos salaces ? L'histoire ne le dit pas. Cédant à la théâtromania qui, en ce XVIIIe siècle, agite les campagnes et les châteaux, et même les habitants de lieux plus modestes (heureux temps !), vous allez peu à peu composer quelques piécettes grivoises qui vous donneront dans un avenir proche une réputation pour le moins badine ! Ecrites le plus souvent pour Charles Lenormand, banquier fermier général-mari-cocu-mais-content-de la Pompadour, qui abrite en son château d'Etioles un superbe théâtre, ces « parades » vont vous permettre de vous faire la main en attendant... *Eugénie* ! On y parle « d'sesque » et « d'fornication », et une jeune Isabelle déclare sans ambages à son père que « si ce barbet galeux de Gilles lui fait queut impolitesse *elle lui escarbouillera les rognons* » ! Dans ces oeuvrettes bourrées de jeux de mots plus ou moins avouables et de liaisons mal-t-a propos... telles que « mon grand-père fut ce fameux Jean Broche qui fourrait z'un fer rouge dans le cul des passants sur le Pont-Neuf. Il était le petit-fils de Jean Fonce, issu lui-même de Jean Farine... qui épousit z'une Troufignon... » Difficile d'imaginer que ces prouesses vont vous conduire un jour à écrire *Le Mariage de Figaro*. Mais peu importe, elles sont aussi un théâtre de société, reflet de certaines distractions du temps. Et surtout elles vont vous permettre d'élargir le cercle de vos relations. De nos jours vous auriez – c'est certain – votre site Internet, Pierre-Augustin : « www.beaumarchais.com » A ce moment de votre vie vous avez « Mesdames » ! Et si on y regarde de plus près, on voit poindre dans les salons d'Etioles, ou dans son théâtre, un certain Pâris-Duverney qui va jouer un rôle essentiel dans votre jeune existence.

Les princesses ont-elles eu connaissance de vos parades ? L'histoire, là non plus, ne le dit pas. Elles n'en auraient cure. Elles vous pardonnent tout. Vous avez leur confiance, et c'est bien là l'essentiel. Elles provoquent votre souci d'apprendre. Elles parfont votre éducation. Vous retirez de Leur approche tout ce qui est utile à un homme jeune pour se mieux conduire dans le monde. Cela ne laisse pas indifférents tous ceux qui gravitent autour d'Elles à Versailles. Vous agacez, Pierre-Augustin ! On vous jalouse. Vous, l'ex-petit horloger de la rue Saint-Denis, vous êtes parfois confronté à cette ancienne réalité que vous vous efforcez d'oublier. On prend soin de vous y ramener. Tous vos biographes l'attestent, témoin ce petit dialogue :

— Vous qui les répariez si bien, sauriez-vous me dire si ma montre est encore bonne ? vous demande-t-on un jour.

Que répondre à ce sourire, à cette ironie d'un homme de cour ?

— Monsieur... je suis malpropre à vous le dire. J'ai cessé de travailler à cet art depuis fort longtemps, je craindrais d'être devenu maladroit.

— Voyez cependant, reprend l'homme en présentant la montre. Vous ne pouvez pas me refuser...

Il faut se sentir diablement fort ou posséder une confiance en soi inébranlable pour réagir comme vous le faites, Pierre-Augustin. Vous prenez la montre, l'élevez jusqu'à vos regards. Vous faites semblant de l'examiner avec soin. Et ostensiblement vous la laissez tomber aux pieds de l'homme, lui offrant pour seule excuse :

— Je vous avais bien dit, Monsieur, que j'étais devenu maladroit.

Les rires qui fusent et tous ceux qui assistent à la scène ne seront jamais oubliés par l'importun.

Hélas ! Tout ne se passe pas toujours aussi simplement, Pierre-Augustin. Et là encore vos biographes notent un incident infiniment plus grave. Un jeune seigneur, dont l'histoire n'a pas retenu le nom, vous insulte publiquement. Votre seule réponse est alors de le provoquer en duel ! L'assaut a lieu dans la forêt de Meudon, non loin de Versailles. Est-il habile au maniement des armes ? Etes-vous expert dans l'art de ferrailler ? Là encore l'histoire est muette. Mais vous le blessez à mort ! Par bonheur vous êtes tombé sur un gentilhomme, au meilleur sens du terme. Il va vous exhorter à fuir. Et il va mourir sans que jamais votre nom soit prononcé. Votre réputation est sauvée. Jamais plus, face à toutes sortes de provocations, vous ne vous battrez en duel : cette imbécillité programmée au nom de l'honneur qui faisait disparaître tant d'hommes de qualité, en ce XVIIIe siècle encore. Il est vrai qu'au nombre des morts imbéciles, on a fait mieux depuis.

*

En évoquant avec vous, Pierre-Augustin, votre passé lointain et le début de votre vie professionnelle, je me posais il y a un instant une question... à mon propos : me suis-je enrichi en vous jouant ? Oui, sans doute. Mes appointements n'ont pas été augmentés après mes débuts officiels réussis, j'ose le dire, mais la fortune au théâtre est tout intérieure, vous le savez. Le véritable enrichissement, pour nous acteurs, c'est celui qu'on acquiert en fréquentant des personnages de fiction hors du commun. Ils deviennent nos amis et nous apportent leur intelligence, leurs passions, leur sagesse, leurs réflexions ou leur déraison. Ce sont de grandes richesses que ces seuls biens. Avec Figaro, je n'ai pas eu à me plaindre ! Il n'en fut pas de même pour vous. Vos petites parades ne vous rapportent guère. (Figaro n'est pas encore né.) Quant à l'horlogerie et les montres, vous ne voulez plus en entendre parler.

Mesdames de France vous ouvrent une voie royale et concrète en vous accueillant, mais elles ne payent pas leurs leçons ni leurs dettes... Et cependant, leur influence va vous faire rencontrer un père spirituel, au sens le moins religieux du terme. Cet homme d'affaires, un des plus puissants du royaume, s'est lui aussi avisé que, par vous, il pourrait arriver jusqu'à Elles. Le banquier Pâris-Duverney entre en scène et dans votre vie, à soixante-quinze ans, alors que vous en avez à peine vingt-huit !

Pourquoi ?

5

Pourquoi ? Parce que.

Il nous arrive à tous, au cours d'une longue carrière où la notoriété a bien voulu nous accompagner de son petit clin d'œil, de rencontrer à un moment quelconque ce public des hautes sphères qui appartient à une aristocratie particulière : celle de l'argent ou du pouvoir. C'est une rencontre souvent très agréable même si la plupart du temps, chacun n'ayant nul besoin de l'autre, elle reste éphémère et ne dépasse guère le temps d'un souper après une représentation ; celui d'un déjeuner quand la curiosité s'en mêle ; ou d'un week-end si « nous avons de la conversation » ! et que le hasard veut que nous ne jouions pas au théâtre, précisément, ce week-end. De telles rencontres se produisent le plus souvent à un certain âge : la notoriété ne commençant à s'affirmer – c'est mieux ainsi – qu'à cet âge-là...

D'où vient donc que vous, Pierre-Augustin, vous ayez pu rencontrer, à vingt-huit ans, le richissime

Joseph Pâris-Duverney ? A soixante-quinze ans il n'avait apparemment rien à faire de vous et de vos petites comédies grivoises que – aux dires de vos biographes –, vous n'aviez pas souci de célébrer ? Pourtant, c'est pour vous une rencontre capitale. Bien plus importante que celle que j'ai faite plus modestement avec vous et dont je n'ai pas mesuré la portée à l'instant où je la fis ! A vingt ans, on ignore encore que les personnages de fiction appartiennent eux aussi à des familles précises, et que Figaro est le chef de l'une d'elles. Avec pour parents Don César de Bazan, et Cyrano, sans oublier un certain Robert d'Artois, au milieu de ses rois maudits, si le hasard veut nous sourire, à la cinquantaine triomphante ! Encore faut-il en prendre conscience ! Ce qui ne fut pas mon cas : attardé (heureux), je commence seulement à le comprendre.

Vous, Pierre-Augustin, à vingt-huit ans, vous réalisez immédiatement la saisissante opportunité de ce rendez-vous avec la chance et un vieux diable discret « qu'on ne voyait nulle part » mais qui néanmoins était au faîte du pouvoir. Oncle de Lenormand (d'Etioles), ce fils d'aubergiste de Moirans (Isère ; ou 38439 ; mais en ce temps-là on dit Dauphiné) a connu Madame de Pompadour quand elle n'était encore que Mademoiselle Poisson, fille d'un employé de cette auberge, précisément. Elle saura s'en souvenir souvent pour le bonheur de Messire Joseph qu'elle appelle par antiphrase « le nigaud », ce qui est un comble – ou un code secret entre eux –, car Pâris-Duverney est tout, sauf nigaud. Pourquoi cet homme de l'ombre, richissime, aurait-il besoin de vous ? Pour une raison simple. Toute cuirasse a son défaut. Tout homme a ses faiblesses. Achille avait son talon. Pâris (Duverney) a son école. C'est son épine dans le pied. Est-ce pour se dédouaner de certaines entreprises spéculatives sur le blé ou sur les armes qui, en partie, ont fait sa fortune ? Veut-il faire oublier à ses concitoyens les humiliations de la guerre de Sept Ans ? Pâris s'est découvert une passion : l'armée. Il a donc fait construire une école, selon les plans de Gabriel – Ange pour les dames (*sic* !) –, responsable de l'opéra de Versailles. L'illustre architecte a érigé ce superbe monument à la lisière de Paris, non loin du Champ-de-Mars, où, un siècle et demi plus tard, Eiffel construira sa tour. Cette école pourrait abriter la jeune noblesse afin qu'elle y apprenne le métier des armes et « l'art de la guerre ». Hélas ! personne ne semble s'y intéresser. Au grand désespoir de Messire Joseph. Il aimerait tant que le roi vienne la visiter, seule façon de donner vie à cette institution. En parler à sa vieille amie la marquise de Pompadour ? Ce ne serait pas adroit. Maîtresse du roi, elle est détestée – et pour cause – par la reine Marie Leszczyńska, ses fils et le dauphin. Cette « Pompon-là » n'est pas loin de la disgrâce. Alors ? En vertu d'un vieux proverbe normand – ou dauphinois –, « donne-moi d'quoi qu't'as... j'te donnerai d'quoi qu'j'ai ! », Pâris-Duverney ayant appris la faveur dont vous bénéficiez auprès de Mesdames de France et du Dauphin – « il est le seul qui me parle avec vérité » –, décide de vous rencontrer, Pierre-Augustin, et d'utiliser à son profit vos services éventuels. Rien de nouveau sous le soleil. « *J'ai des relations mondaines, j'ai des relations..., J'connais la baronne du Maine, Son fils Absalon...* » chantera Charles Trenet au XXe siècle. Au premier regard vous vous êtes tous deux reconnus, Pâris et vous. Et vous réussissez ! Les filles du roi et le Dauphin visitent l'école ! Réception somptueuse. Collation fastueuse. Mesdames sont gourmandes, vous le savez. Elles sortent ravies de leur visite, de tous les exercices qu'elles ont vu pratiquer par les élèves de l'école... et de la collation. Premier succès. Bientôt le roi va en entendre parler par Mesdames et le Dauphin. Ils lui content cet admirable moment. Le roi éprouve, à son tour, la curiosité de voir et d'assister à une parade militaire donnée en son honneur par plus de cinq cents jeunes hommes, tous issus des plus grandes familles de France. Feu d'artifice. Collation à nouveau sublime. C'est un triomphe pour Pâris-Duverney... et pour vous, Pierre-Augustin. Il vous le doit. Sa reconnaissance vous est acquise. Mesdames lui ont fait savoir que vos finances sont plates et que vous êtes fauché. Pâris-Duverney va y mettre bon ordre, de fastueuse manière.

*

Une extraordinaire intimité naît entre vous et Messire Joseph. Elle va durer dix ans. Deux mois après votre première rencontre, il vous appelle « son fils ». Quant à vous, vous allez faire graver, bien des années plus tard, sur un buste érigé dans le jardin de votre somptueux hôtel proche du faubourg Saint-Antoine :

Il m'instruisit par ses travaux
Je lui dois le peu que je vaux...

Ce n'est pas de la haute poésie mais c'est une marque affirmée de gratitude, renouvelée même, puisque ce buste va orner votre jardin vingt ans après la mort du bon Pâris ! Comme le rappel pieux de ces dix années au cours desquelles il a fait votre fortune et, disent vos biographes, « vous a ouvert ses dossiers, ses coffres et son âme » ! En termes simples, il vous a appris à mener « les affaires ». Ces mêmes biographes ajoutent que « ce vieillard de soixante-quinze ans et ce jeune homme de vingt-huit se sont sans doute aimés », et si l'on se demande « pourquoi », il semble bien qu'on ne puisse répondre à cela qu'en parodiant Montaigne, toute pudeur réservée, « parce que c'était lui, parce que c'était vous » ! C'est vous-même, Pierre-Augustin, qui avouez : « En 1760, Monsieur Duverney, au désespoir d'avoir vainement tout employé depuis neuf ans pour engager la famille royale à honorer de sa présence l'Ecole militaire, souhaita de me connaître, il m'offrit son *cœur*, son *secours* et ses *crédits* si j'avais celui de faire réussir ce que tout le monde avait en vain essayé depuis neuf ans. » Il y a certes un peu de vanité dans ce constat – vous n'en avez jamais manqué, Pierre-Augustin –, mais c'est un fait. D'autres écrits sont plus surprenants. Est-ce également un code entre vous ? Voici des déclarations très particulières et qui sont vôtres : « Comment se porte la chère petite ? Il y a longtemps que nous ne nous sommes embrassés... Nous sommes de drôles d'amants... Nous n'osons nous voir parce que nous avons des parents qui font la mine... mais nous nous aimons toujours... Ah ! ma petite... »

Vous savez à quel point les gens sont méchants et les acteurs volontiers potiniers. Même si toutes les libertés sont, de nos jours, reconnues et accordées, de tels propos font jaser dans les coulisses. Surtout après votre petite confusion sur le chevalier d'Eon. On ne peut rien en conclure, certes. D'autant que pendant ces dix années d'intimité avec Messire Joseph, de Pauline Le Breton qui malgré ce patronyme est créole, jusqu'à Madame Lévêque, ex-Geneviève Wattebled, que vous épousez, en 1768, les femmes, légitimes ou autres, ne vous ont pas manqué. Rappelez-vous un voyage en Espagne où vous ne vous conduisez pas en trappiste. Les milieux bien informés estiment que cela ne prouve rien. Je vous assure néanmoins, Pierre-Augustin, que mon dessein n'est pas d'entretenir le doute sur votre virilité, souventes fois vérifiée. Pourtant les réponses du vieux Pâris sont du même tonneau. Mais enfin, passons... sur les sommes énormes que « la chère petite » met à votre disposition pour vous instruire dans les affaires et surtout pour vous aider à acheter des titres de noblesse qui, après quelques détours, arrivent même jusqu'à la charge de grand maître des Eaux et Forêts. Hélas ! Pour vous comme pour lui, cette fois c'est le bide. Les dix-sept autres grands maîtres du royaume vous refusent. Vous manquez de quartiers de noblesse. On ne veut pas de vous. La lettre que vous écrivez alors est digne des colères de Figaro dans votre *Mariage*. Vous déchiquetez de belle manière les familles et l'état de quelques grands maîtres. Je résume !

« Premièrement : Monsieur d'Arbonnes, grand maître d'Orléans, s'appelle Hervé, fils d'Hervé, *perruquier* ! Je puis citer dix personnes à qui cet Hervé a vendu et mis des perruques sur la tête !

« Deuxièmement : Monsieur de Marizy, grand maître de Bourgogne, s'appelle Legrand, fils de Legrand, *cardeur de laine* au faubourg Saint-Marceau, ayant levé petite boutique de couverture près de la foire Saint-Laurent...

« Troisièmement : Monsieur Telles, grand maître de Châlons et fils d'un juif nommé Telles da Costa, bijoutier, brocanteur, etc.

« Quatrièmement : Monsieur Duvaucel, grand maître de Paris, est fils Duvaucel, *boutonnier* », etc.

Cette réaction gêne Louis XV qui s'en tire habilement en signant au plus tôt l'acte vous accordant la charge de lieutenant général des Chasses aux baillage et capitainerie de La Varenne du Louvre. C'est la taille au-dessus ! Vous devenez dès lors Monsieur de Beaumarchais, officier du duc de La Vallière, et vous êtes amené à rendre la justice presque chaque semaine. Petit détail qui explique la précision et l'authenticité de la scène du procès, au troisième acte du *Mariage de Figaro*.

Puisqu'on parle théâtre, et petits cancans, Pierre-Augustin, permettez-moi de vous conter une anecdote. Elle concerne votre *Barbier* que j'ai beaucoup joué à Paris, à New York et à... Nancy.

Commençons, si vous le voulez bien, par Nancy. Dans les années 1960, Jack Lang venait d'y créer le festival universitaire de théâtre. Nous jouons donc, Micheline Boudet et moi, *Le Barbier de Séville* en plein air. Le décor est installé dans l'admirable jardin de la Carrière, derrière la place Stanislas. La maison de Bartholo est reconstituée ainsi qu'une rue de Séville où se déroule l'action du premier acte. Il fait beau. Tout pourrait aller pour le mieux.

Le jeune premier distribué dans Almaviva chante faux. C'est fâcheux pour la qualité de son interprétation. Mais, au cours des répétitions, je lui ai fait observer qu'il s'agit de la comédie du *Barbier* et non de l'opéra-comique. Almaviva ne chante que pour obéir à Rosine qui veut connaître son nom et ses intentions. Elle lui a écrit : « *Chantez indifféremment sur l'air connu de ces couplets.* » Il n'est donc pas obligatoire pour lui de chanter comme à l'opéra. Pour le rassurer davantage encore, je lui ai confié que les deux Almaviva de la Comédie-Française chantent comme des casseroles, et que j'ai l'habitude avec eux de réagir aux fausses notes comme Figaro pourrait le faire en déplorant de quelques gestes comiques cette aubade vacillante. Ce qui fait rire le public.

— Non, non. J'aurais trop peur. Je préfère que ce soit enregistré.

— Mais non, voyons !

— Si, si ! Je vous en supplie.

On n'en sortira pas. La chanson est donc enregistrée sur bande magnétique par un chanteur professionnel. Almaviva mimera le play-back. Or il y a près de cinquante ans de cela. La manipulation des magnétophones n'était pas encore habilement maîtrisée. Arrive l'instant où, « from from from... », Almaviva s'empare de la guitare de Figaro et se met en devoir de chanter à Rosine : « Je suis Lindor, ma naissance est commune... » Hélas ! Le régisseur a remonté la bande magnétique trop en arrière et l'on entend alors distinctement : « Trois, deux, un, zéro, Lindor première fois ! » Et la chanson démarre, sans que notre Almaviva, cloué sur place, puisse mimer quoi que ce soit ! Le décor du balcon de Rosine se met à trembler, secoué par le rire irrésistible de Micheline Boudet et celui du Bartholo de service, assistant l'une derrière sa jalousie à cette catastrophe, l'autre derrière le balcon, s'apprêtant à entrer sur scène. Vous auriez eu le droit, à ce moment pathétique, cher Pierre-Augustin, de penser légitimement qu'on estropiait votre *Barbier* tellement tout le monde rigolait. Le public, lui, après un premier moment de stupeur, avait éclaté de rire à son tour, complice de cette petite anomalie... et nous avons eu le plaisir d'enchaîner ! Vive le théâtre...

Je peux bien vous le dire, Pierre-Augustin, j'ai adoré, en d'autres circonstances, jouer votre *Barbier* à la Comédie-Française avec Louis Seigner, merveilleux Bartholo. Ce n'était pas toujours un homme commode, mais notre complicité d'acteurs née grâce à vous s'est poursuivie avec son *Bourgeois gentilhomme*, où il était un extraordinaire Monsieur Jourdain, pour aboutir aux *Rois maudits* et à ce banquier lombard, Tolomeï, arrosant de ses conseils plus que de ses deniers mon Robert d'Artois ! En vous parlant de Louis Seigner, je pense à votre Pâris-Duverney, Pierre-Augustin. Louis l'aurait incarné magistralement... si vous en aviez écrit le texte ! Quelle pièce vous avez manquée, Pierre-Augustin. Et... quels interprètes...

Bref ! Nous jouions votre *Barbier* à New York en représentation officielle avec la Comédie-Française. La fatigue de la tournée, les multiples réceptions elles aussi officielles, la découverte surprise d'un excellent beaujolais – le vin préféré de Louis Seigner – dans un restaurant proche du théâtre où nous opérions commençaient à ralentir le rythme de le représentation. Or, il nous en restait quatre à assurer en deux jours ! Matinée-soirée le vendredi et le samedi. Après la représentation de jeudi nettement amortie, Louis – que j'appelais alors « Monsieur Seigner », me fait appeler dans sa loge. Affalé dans un fauteuil, il me dit :

— Je voudrais qu'on me remplace pour les matinées...

— Ah...

— Oui...

— Ça ne va pas... vous êtes fatigué, Monsieur Seigner ?

— Je fais aller... mais...

Quelle que soit la qualité du remplaçant, il n'y a pas deux Louis Seigner dans la troupe. Même légèrement « beaujolisé », Louis reste un Bartholo remarquable. Mais je sens qu'il a choisi de déjeuner tranquillement ces deux jours-là... Est-ce la concordance des noms, à une lettre près, qui m'inspire, le hasard veut qu'Edith Piaf et ses Compagnons de la chanson chantent dans un cabaret de New York à l'occasion de cette « saison française »... Je lâche :

— Piaf est dans la salle vendredi après-midi...

L'œil de Louis se rallume. Eprouve-t-il un soudain scrupule ? Aime-t-il la créatrice de *Non, rien de rien... je ne regrette rien !...* ?

— Pour la matinée ? demande-t-il ingénument.

— Oui...

— Quelle barbe... alors il faut que je joue ?

— Ben...

C'est gagné.

Le vendredi, Louis joue admirablement votre *Barbier*, Pierre-Augustin, s'étonnant simplement que Piaf ne soit pas venue « nous voir » après le spectacle. Alors, j'ai doublé la mise :

— Elle s'est décommandée à la dernière minute, Monsieur Seigner... C'est samedi qu'elle vient...

— Alors... il faut encore que je joue les deux !!!

Devant le déjeuner et le beaujolais qui s'éloignent – fatalité qui semble lui écraser les épaules – je cherche une consolation.

— De toute façon, samedi soir, pour la dernière, l'ambassadeur est dans la salle et...

— Ah... c'est vrai.

Merveilleux Louis ! Il assurera la défense et l'illustration de votre *Barbier*, Pierre-Augustin, ainsi que celle de la langue française et de la Comédie du même nom, en jouant admirablement à New York ces quatre dernières représentations. Piaf n'avait jamais eu l'intention de venir le voir dans votre pièce, je dois à Monsieur Seigner, et très respectueusement, cet aveu maintenant qu'il vous a rejoint dans ce paradis où les acteurs et les auteurs dramatiques s'entendent si bien – du moins espérons-le – qu'on ne s'inquiète pas trop d'avoir à les rejoindre un jour...

*

Vous avez vécu vingt vies, écrivez-vous. A l'évidence, vous les avez toutes souhaitées. Grâce à Pâris-Duverney – ou à cause de lui – à vingt-huit ans vous commencez la troisième. Vous lui devez votre charge de lieutenant général des chasses. Vous allez lui devoir cette animation – je n'ose écrire cette agitation – particulière où l'aventure aura trop souvent priorité sur votre volonté ou votre bonheur d'écrire pour le théâtre. Marque dominante de votre vie et de votre caractère, vous resterez définitivement soumis à ce bouillonnement, cette effervescence. Quel dommage pour nous... les acteurs ! Je reconnais qu'on ne peut pas respirer chaque jour en pensant plus à la gloire posthume qu'au présent vivant. Surtout au XVIIIe siècle où le théâtre n'enrichit pas son homme. D'où la future Société des Auteurs ! Néanmoins, le goût des affaires, de l'argent, du pouvoir, le souci d'être et de paraître vont tenir une place essentielle dans votre jeune existence. Après celle de l'horloger, du maître de musique des princesses de France, vous ouvrez ce troisième chapitre avec toute l'allégresse nécessaire.

Il semblerait pourtant que, parvenu au bout de la route, à l'exemple de votre Figaro à la fin de son long monologue du *Mariage* : « *J'ai tout vu, tout fait, tout usé. Puis l'illusion s'est détruite. Et trop désabusé...* » oui, il semblerait bien que vous portiez le même regard, un instant lucide, sur votre parcours, et qu'à votre tour désabusé, vous avouiez quelques regrets. Dites-moi, Pierre-Augustin, si je me trompe.

Dès ma folle jeunesse, j'ai joué de tous les instruments mais... je n'appartenais à aucun corps de musiciens : les gens de l'art me détestaient.

J'ai inventé quelques bonnes machines mais... je n'étais pas du corps des mécaniciens : on y disait du mal de moi.

Je faisais des vers, des chansons mais... qui m'eût reconnu pour poète ? J'étais fils d'un horloger.

J'ai fait des pièces de théâtre mais... on disait « de quoi se mêle-t-il ? Ce n'est pas un auteur, car il fait d'immenses affaires et des entreprises sans nombre. »

J'ai traité avec les ministres de grands points de réformation dont nos finances avaient besoin mais... on disait « de quoi se mêle-t-il ? Cet homme n'est point un financier. »

J'ai relevé l'art de l'imprimerie française par les superbes éditions de Voltaire mais... je n'étais point imprimeur : on a dit le diable de moi.

J'ai fait le haut commerce dans les quatre parties du monde mais... je n'étais point déclaré « négociant ».

J'ai eu quarante navires à la fois sur les mers mais...

je n'étais point armateur : on m'a dénigré dans nos ports.

Un vaisseau de guerre à moi de cinquante-deux canons a eu l'honneur de combattre en ligne avec ceux de Sa Majesté à la prise de Grenade. On a donné la croix au capitaine de mon vaisseau. A mes autres officiers des récompenses militaires mais... moi qu'on regardait comme un intrus, j'y ai gagné de perdre ma flottille que ce vaisseau convoyait.

De tous les Français, quels qu'ils soient, je suis celui qui a fait le plus pour la liberté de l'Amérique, génératrice de la nôtre, mais... je n'étais point classé parmi les négociateurs. D'où la colère des ministres.

Qu'étais-je donc ? Je n'étais rien que moi. Moi tel que je suis resté. Libre au milieu des fers, serein dans les plus grands dangers, faisant tête à tous les orages, menant les affaires d'une main et la guerre de l'autre, paresseux comme un âne... et travaillant toujours ! En but à mille calomnies, mais heureux dans mon intérieur. N'ayant jamais été d'aucune coterie, ni littéraire, ni politique, ni mystique. N'ayant fait de cour à personne... et partant repoussé de tous.

N'est-ce pas là, en réduction, Pierre-Augustin, ce monologue de votre *Mariage* que j'ai eu tant de plaisir à jouer – et que je rejouerais volontiers... si j'en avais encore l'âge ! On peut en déduire que trop de dons nuisent parfois si on n'a pas la sagesse, le goût ou le souci de choisir. Vous étiez un « surdoué ». Mais vous ne le saviez pas : la psychanalyse n'existait pas encore au siècle des Lumières. Mais surtout, surtout, Pierre Caron *de* Beaumarchais, vous n'avez jamais été admis dans les grandes familles de France. D'où quelques répliques cinglantes sur l'état de noblesse dans votre *Mariage*, de Figaro : « *Qu'avez-vous fait pour tant de biens ? Vous vous êtes donné la peine de naître. Rien de plus.* »

Pas fou, votre futur collègue Sacha Guitry se sert de ces aveux dans la pièce qu'il a écrite sur vous.

Dans son *Beaumarchais*, il vous fait passer, au bras de Molière, devant le tribunal de l'Immortalité, laissant dire à notre dieu à tous : « *Messieurs, si vous retiriez de vos bibliothèques les deux pièces de Beaumarchais cela ferait un vide affreux que rien ne saurait combler.* » Ce n'est pas sans raison, ni arrière-pensée, tant ce tribunal ressemble, je vous l'ai dit, à ceux de l'Epuration que Sacha a connus après la libération de Paris en 1945. Il a pour lui plus d'importance que le tribunal du jugement dernier.

A l'évidence, cette immortalité vous est acquise, Pierre-Augustin. Sacha, lui, est en passe de la connaître. Et si les femmes l'ont singulièrement occupé, comme vous... jamais il ne s'est intéressé aux affaires ou à la politique. Il a, comme vous, fréquenté les prisons, et s'il en a résumé le drame dans deux livres, comme vous avez su le faire dans vos quatre *Mémoires*, c'est au théâtre – et au théâtre seul – qu'il doit, comme vous, d'être attaché à la reconnaissance du temps.

En 1764 peut-être étiez-vous trop jeune pour le comprendre ?

6

Séduite et abandonnée, tel pourrait être le titre d'une pièce que vous n'avez pas écrite, Pierre-Augustin. Elle aurait pour action cette aventure espagnole que relatent tous vos biographes et que vous allez vivre, pour voler au secours de votre sœur Lisette. Voler est un bien grand mot, mais passons... Un certain Clavijo y Fajardo, fondateur d'une revue scientifique et littéraire, *El Pensador*, journaliste célèbre selon les uns, inconnu selon les autres, l'a plaquée vilainement, sans explication, alors qu'il lui avait promis le mariage.

Le saviez-vous ? Non, vous étiez trop jeune quand il rencontre votre sœur Lisette : Clavijo n'a rien d'un Adonis. Pas plus d'ailleurs que Lisette ne ressemble à Vénus ! A trente-trois ans, elle n'est déjà plus, hélas, de la première fraîcheur. C'est peut-être là un commencement d'explication. Or, ils se sont promis l'un à l'autre... six ans auparavant. En six ans de « fiançailles » ils ont eu le temps de s'explorer et de réfléchir. Six ans, c'est long.

Cela contient sans doute la seconde explication.

L'un a vu sa situation sociale se développer. L'autre a eu la joie de goûter à d'autres jeux. Le principal joueur, un certain Durand (ça ne s'invente pas !) permet de penser que Lisette a quelque peu écorché en ces six années sa réputation de femme vertueuse. Troisième explication possible.

Clavijo a rompu une première fois. Puis il revient sur cette décision... pour rompre à nouveau quelque temps plus tard. « Un coup j'la veux, un coup j'la veux pas ! » Peut-être est-il né sous le signe de la Balance ? Il reprend soudain goût au mariage. On publie alors les bans. Mais à la veille de la cérémonie... paf ! Clavijo disparaît. Pas de ça, Lisette ! Elle dépose cette fois une plainte en bonne et due forme à l'ambassade de France pour « rupture abusive ». Le scandale menace. Clavijo se jette aux pieds de Lisette : « J'ai eu tort, je ne le ferai plus. » Elle pardonne. On renoue. Mais trois jours avant la re-noce, Clavijo « re-rompt » à nouveau. C'est de cela qu'une lettre vous avise, cher Pierre-Augustin, qui n'aviez que quinze ans quand mademoiselle votre sœur a rejoint les Ibères. Vous décidez alors de venger son honneur bafoué ! De re-mettre Clavijo à ses pieds et face à ses devoirs. C'est du moins ce que vous écrivez dans un quatrième *Mémoire*, composé dix ans plus tard !!! Quelle mauvaise mémoire vous avez parfois, Pierre-Augustin.

Vous savez bien que vous n'êtes pas parti « à bride

abattue » au secours de votre sœur Lisette ! C'est le moins qu'on puisse dire : vous avez mis deux mois à « voler » vers elle.

Vous savez bien que l'honneur de votre sœur n'était pas du tout votre priorité.

Vous savez bien que Monsieur Joseph (Pâris-Duverney) vous envoyait en mission pour passer en Espagne quelques contrats juteux pour lui – pas inutile pour vous.

Vous savez bien que vous étiez muni pour régler ces petites questions de plusieurs centaines de milliers de livres dont il vous avait doté, afin de renégocier tout d'abord la concession de la Louisiane – qui appartenait à l'Espagne mais que des Français avaient fondée.

Vous savez bien que vous deviez vous occuper aussi de la fourniture d'esclaves noirs aux colonies du Nouveau Monde ; que le ravitaillement des troupes espagnoles faisait également partie de vos missions secrètes ainsi que le droit de transformer la Sierra Morena en Eldorado, d'y amener l'eau, etc.

Tout cela prend du temps. Et vous l'employez fort bien à Paris pour vous instruire sur ces affaires. Vous vous documentez afin de les mener toutes à leur terme. Madrid attendra.

Si vos biographes insistent tous sur l'épisode Clavijo et le voyage en Espagne, c'est qu'il est le symbole de votre vie active et de vous-même. Expliquons-nous.

On y voit d'abord votre habileté à convaincre. On y discerne ensuite le soutien constant des femmes. On y lit aussi votre besoin d'être et de paraître, l'attirance de l'argent et des honneurs. Et on constate enfin... le ratage final de chacune de vos missions !

Vous avez émis un jugement imprudent sur l'Espagne, sa cour et son roi. Vous lui avez pourtant cédé votre maîtresse afin de mieux l'assurer de vos bonnes intentions diplomatiques. Mais vous le trouvez un peu nigaud. Ce qui fera dire à Choiseul, ami du roi Charles III et de son Premier ministre – ce que vous ignoriez alors : « Ne jamais employer cet homme. Surtout pas en Espagne. »

Et pourtant, malgré vos naïvetés, vous sauvez votre réputation ! Pourquoi ? Acharnement ? Ardeur ? Puissance de travail ? Tout cela à la fois. Mais le charme d'abord ! Ce charme né de l'enfance et du pavé parisien ! Ce charme, un peu crapule, qui séduit hommes et femmes. Et le savoir-faire aussi ! Ce savoir-faire qui « vaut mieux que le savoir ». Ce n'est pas moi qui le répète, c'est vous. Ah ! Pierre-Augustin ! Avec tous les dons que le ciel vous a donnés, les éléments dont vous disposiez, quelle pièce vous avez ratée sur l'affaire Clavijo ! Même si votre quatrième *Mémoire* s'est vendu en une journée à six mille exemplaires (c'est considérable à l'époque !), on ne le lit plus depuis deux siècles ! Tandis qu'une pièce de plus, signée Beaumarchais, avec pour titre celui que je me suis permis de vous proposer, *Séduite et abandonnée*, ferait encore un malheur ! Elle ajouterait au bonheur du bon peuple et à l'éclat de votre postérité.

Vous n'avez accouché plus tard que d'*Eugénie*. Histoire larmoyante pour laquelle vous n'étiez pas fait. Vous avez laissé à Goethe – que ce quatrième *Mémoire* avait fait rire, tout comme Voltaire – le soin d'écrire, en s'en inspirant, un *Clavigo* ! En passant ainsi du « j » au « g », ce Clavijo-Clavigo devient un sombre drame au cours duquel on voit l'illustre poète allemand transformer son personnage principal – vous en l'occurrence, Pierre-Augustin – en assassin ! Pourquoi avoir laissé cette histoire et ce sujet – digne de Feydeau – aux mains de Goethe plus sensible au mariage des âmes et aux « affinités électives » qu'aux péripéties vaudevillesques ? Vous saviez bien que les qualités maîtresses de l'auteur de *Werther* n'étaient ni la désinvolture ni la légèreté ! Quel gâchis ! D'autant que tous vos projets mirifiques finiront par menacer votre liberté. Vous ne devez qu'à la prévenance du Premier ministre espagnol d'éviter l'inconfort des prisons ibériques dans lesquelles on laisse généralement croupir certains occupants en ce pays béni. Vous avez négligé au cours de vos nuits madrilènes de bien connaître les lois du pays ! Elles ne permettaient pas d'accorder aux étrangers certaines concessions en Louisiane que Louis XV avait secrètement accordées aux Ibères.

Fallait savoir ces choses-là, Pierre-Augustin ! Même problème pour d'autres « fournitures » telles que la livraison d'esclaves noirs et le défrichage de la Sierra Morena ! C'est bien la preuve que votre voyage en Espagne – dont le détail appartient aux historiens – n'était pas couronné de succès. Ni pour les affaires. Ni pour Lisette...

Et pourtant – ô mystère – la Providence vous attendait à Madrid. Sans que vous puissiez le subodorer, vous y aviez rendez-vous avec l'avenir ! Nous le verrons plus tard.

Pour l'heure, il vous reste l'indulgence des femmes et les souvenirs que vous leur laissez. De jour comme de nuit. Ce qui, certes, n'est jamais à dédaigner.

Mais n'est-ce pas elles qui, hélas, vous ont peut-être empêché d'écrire une bonne pièce, Pierre-Augustin ?

— *Que les gens d'esprit sont bêtes !* faites-vous dire à Suzanne au début du premier acte du *Mariage de Figaro*.

— *On le dit*, répond Figaro.

— *Hé... mais... c'est qu'on ne veut pas le croire*, conclut Suzanne en riant.

*

« Une intarissable bonne humeur assure mes conquêtes », écrivez-vous de Madrid à votre père.

Elle permet à votre âme « de jouir d'elle-même, au milieu de ce tourbillon d'affaires, de plaisirs, d'ententes, d'espérance qui se heurtent, se chóquent et viennent se briser entre elles ! ». C'est avec allégresse que vous répondez à une lettre de papa Caron vous enjoignant de récupérer à Madrid des factures impayées à l'horlogerie de la rue Saint-Denis ! Ce qui, en passant, prouve l'importance de ladite horlogerie. Celle aussi de papa Caron, aux connaissances scientifiques très développées, tout autant que l'amour des lettres, et qu'on avait jadis consulté sur le draguage des ports et rivières... en Espagne ! Quelle famille ! Heureux hasard : une de ces factures impayées est « une dame d'importance ». S'acquitte-t-elle avec bienveillance de sa dette ? Peu importe. Elle devient vite votre « bon ange ». Et ce bon ange guidant vos premiers pas, vous fait rencontrer le Tout-Madrid. Elle pousse même la bonté et le désintéressement jusqu'à vous présenter une ravissante marquise qui, à son tour, devient votre maîtresse. Belle à croquer, intrigante et libertine, cette marquise de La Croix serait-elle, tout comme vous, « chargée de mission » ? Les marquises sont souvent plus expertes que les ambassadeurs pour glaner, çà et là, quelques renseignements précieux. Et c'est toujours au lit que se résolvent le mieux ces problèmes. Que devient votre sœur Lisette dans « ce tourbillon d'affaires et de plaisirs » ? Bof ! Elle a son Durand et ne semble pas, pour l'heure, être votre souci premier : « Je travaille, j'écris, je confère, je rédige, je représente, *je combats* : voilà ma vie. » D'aussi belle humeur que vous, votre voluptueuse marquise vous fait vivre des instants exquis où les combats s'animent de l'ardeur des deux combattants. « Il y a dans la chambre où je vous écris – avouez-vous encore à papa Caron – une belle dame qui vous remercie de la bonté que vous avez eue pour elle, il y a trente-trois ans, lorsque vous jetâtes les fondements de l'aimable liaison que j'ai entamée avec elle, depuis deux mois ! » Et la marquise confirme ! Et papa Caron répond sur le même ton aux allégresses de son fils ! Tout le monde est content ! D'autres combats vous appellent cependant à Madrid, Pierre-Augustin : ceux de cette politique « aussi attrayante qu'inutile pour vous », mais que vous aimez à la folie. Et vous avez sous la main, pour les conduire, une exceptionnelle force de frappe : votre marquise. Vous privant souvent d'elle, vous la poussez, en dépit de ses scrupules, dans le lit de Charles III, roi d'Espagne. Ce n'est pas très moral, mais que ne feriez-vous pour le service de la France ! Malheureusement la chose ne s'arrange pas si bien que dans un film de James Bond. Vous êtes tombé sur un « tourmenté ». Le roi, fort dévot, désire la marquise un jour pour la repousser le lendemain. Pris entre les Commandements de Dieu et ceux de la chair, il la re-souhaite le jour suivant pour la re-repousser à la nuit tombée. Et le jeu dure. Depuis la mort de son épouse Marie-Amélie, Charles III n'a jamais pu se laisser aller en toute sérénité aux fantaisies de quelques galipettes. Votre belle marquise n'entrera jamais dans la couche royale. *Vade retro Satanas !* Exit la marquise. Devenue inutile, elle se contentera quelque temps encore de vos bras, cher Pierre-Augustin, avant de découvrir elle aussi – mais beaucoup plus tard – les bonheurs de la dévotion. Les desseins de Dieu sont impénétrables. Pourtant c'est bien Lui qui vous a conduit à Madrid. Ils ne sont pas tous restés inhabités vos châteaux en Espagne, Pierre-Augustin...

Vous y découvrez la musique, la danse et le théâtre. Le zapateado, la séguedille, le fandango. Ces danses que vous dénoncez comme « mouvements grotesques et souvent indécents » vous chatouillent l'esprit et vous enflamment la peau. Elles se fixent à jamais en vous. Elles se mêleront à vos décors. Le fandango, la danse la plus estimée à Madrid, « ...d'une extrême vivacité... représente assez bien les frétillements de l'amour, écrivez-vous, mouvements des reins tels que moi qui ne suis pas le plus pudique des hommes... j'en ai rougi jusqu'aux yeux ! ». Allons, allons ! Vous, rougir ? A qui ferez-vous croire cela ? Vous n'êtes resté insensible ni aux frétillements, ni aux « frétillantes ». Il n'y a pas qu'à Londres que, quelques années plus tard, vous fréquentâtes les bordels ! Vous allez jusqu'à composer quelques vers pour accompagner ces rythmes indécents, et qui vous font, prétendument, rougir ! Vous les accompagnez même de votre guitare. On peut penser, en les lisant, que, fatigué par les mouvements des reins que requièrent les rythmes indécents, vous avez laissé votre inspiration au vestiaire ! Ou plutôt dans les ruelles de quelques lits. Ecoutez plutôt Pierre-Augustin, ceci est de vous :

Les serments
Des amants
*Sont légers comme les vents [*sic*] !*
Leur air enchanteur
Leur douceur
Sont des pièges trompeurs
*Cachés sous les fleurs... [re-*sic*]*
Aye, Aye, Aye, je frissonne
Aye, Aye, Aye... mon cœur m'abandonne.

On veut bien avoir quelque indulgence pour vous, Pierre-Augustin, mais avouez que par instants, vous n'y aidez guère. Même de nos jours où l'on n'est pas très exigeant sur le genre « cucul », on fait mieux.

Nul n'a jamais pu établir avec précision les chemins mystérieux de la création tant leur sinuosité dépend des souvenirs, de la mémoire, et de la sensibilité du créateur.

Béni des dieux, dix ans plus tard vous aurez tout

assimilé. Naîtront de ce magma de frétillements et d'images – *Eugénie* oubliée – *Le Barbier de Séville* et *Le Mariage de Figaro*. Le théâtre espagnol que vous avez parfois jugé médiocre et « à l'ancienne », vous en aurez inconsciemment reçu la philosophie souriante. Elle marquera de sa légèreté vos deux œuvres majeures. Adieu les drames ! Les costumes, les « majos », les « rescilles », ou résilles, les culottes, les larges ceintures de soie habilleront vos personnages de leurs couleurs. Vous prenez soin d'en donner une description précise dans vos ouvrages où, pour la première fois, au théâtre, on voit apparaître des indications de l'auteur pour la mise en scène, les places, le mouvement et le jeu des acteurs. Bartholo, Rosine, Almaviva ou Lindor, le valet Figaro appartiennent à la plus pure tradition théâtrale, personnages vivants déjà chez Molière ou chez Regnard. Mais passés par vos rougeurs espagnoles, « masques et bergamasques », ils vous contraignent à une autre exigence. Votre génie les pare de cette gaieté particulière qui « se presse de rire de tout de peur d'être obligé d'en pleurer ».

Unis par deux cultures, vos personnages sont français par l'humeur et le propos mais ravissamment espagnols par la couleur. La Providence vous a conduit là où vous le deviez, Pierre-Augustin. Remerciez-la... comme je la remercie. Et, permettez-moi cette confidence : j'ai préféré murmurer à votre Suzanne, à la fin du *Mariage* où « tout finit par des chansons » :

Par le sort de la naissance
L'un est roi l'autre est berger
Le hasard fit leur distance
L'esprit seul peut tout changer...

Plutôt que :

Les serments
Des amants
Sont légers comme les vents... !

Nous l'avons échappé belle, vous et moi. Non ?

Peu importe que l'on reconnaisse, ou que l'on nie à l'Espagne les sources plus ou moins avérées de votre *Figaro*.

Peu importent l'honneur de votre sœur Lisette et le soin plus ou moins attentif que vous avez pris à la défendre. Elle a survécu !

Peu importent les missions, plus ou moins ratées, dont vous étiez chargé au cours de ces dix mois de voyage.

Peu importent le projet avorté d'améliorer les routes et la navigation fluviale de la Sierra Morena. D'autres l'ont réalisé après vous. Tandis qu'un autre *Mariage de Figaro*... je ne suis pas seul à vous remercier de l'avoir écrit !

Chacun sait que seuls les beaux rôles font les bons acteurs. Vous avez eu le bonheur d'avoir fait naître un personnage dont tous ceux qui l'ont joué sont fiers d'avoir pu illustrer l'action (même en costume espagnol !). Votre immortel Figaro vaut bien à lui seul tous les projets liés à l'économie, l'argent, la gloire même que vous avez revendiquée « d'avoir fait plus que tout autre » pour que l'Amérique se libère du colonialisme anglais. Cette gloire-là est tellement oubliée ! La preuve : il n'y a pas une seule rue Beaumarchais en Amérique ! Alors qu'on peut y apercevoir quelques rues La Fayette. Longtemps après votre mort, Paris vous accordera un boulevard ! Néanmoins les guerriers et les hommes politiques auront toujours le pas sur les auteurs dramatiques ! Elle est bien modeste la rue Molière à Paris !

Certes, on aimerait bien posséder encore cette belle Louisiane que nous avions fondée et que Louis XV avait provisoirement cédée en secret à l'Espagne – ce que, dans votre candeur naïve, vous ignoriez –, mais l'Amérique n'a pas de *Mariage de Figaro* ! Elle se contente de s'enrichir de vos *Noces* et de sa Louisiane ! Mais vous connaissez le sens de l'histoire ? Vous savez que Napoléon l'a revendue aux Américains, cette Louisiane de nos cœurs. Alors... L'Empereur poursuivait ses conquêtes jusqu'à ce « que Azraël, l'ange de la mort, le pousse dans l'océan » et le fixe à jamais dans une île lointaine. Il n'avait plus besoin de... la Louisiane !

Votre Figaro, qui aimait la joie, comme vous aimiez les femmes, vous apporte, bien plus qu'elles, la reconnaissance de plus de deux siècles – et ce n'est pas fini ! A travers le temps, les querelles, les humeurs et les drames pour nous, acteurs et actrices. « Figaro, le voici » vaut bien « La Fayette, nous voilà ! ».

7

Retour d'Espagne, vous allez pouvoir rentrer tranquillement chez vous, rue de Condé, Pierre-Augustin. Vous allez y retrouver papa Caron. Il a un peu vieilli pendant votre séjour ibérique. Mais pas au point de renoncer aux femmes : il va bientôt épouser, le 15 janvier prochain, pour la troisième fois ! Ah ! Vous avez de qui tenir, petit veinard ! Et pas seulement dans le domaine des arts, des sciences et de l'horlogerie.

Vous y retrouvez aussi vos sœurs chéries, rue de Condé, pour leur donner des nouvelles « en direct » de Lisette, de son Clavijo et de son Durand.

Vous allez surtout retrouver Julie, votre sœur cadette qui vous aime d'un amour indéfinissable, exigeant et pur. Elle ne cessera jamais de vous aimer. Elle vous a écrit sa tendresse en de jolies lettres pour combler le vide de l'absence : « *J'ai un besoin de t'aimer qui ne peut s'apaiser qu'en t'écrivant.* » Elle a su tenir admirablement votre maison. Elle a renvoyé Saint-Louis – c'est le nom de votre cuisinier ! – et l'a remplacé par un nouveau chef. Votre carrosse est prêt à l'usage. Vos chevaux sont allants. Sur l'ordre de Julie on monte, trois fois par semaine au manège des Tuileries, votre dada favori afin d'entretenir son humeur et sa forme. Elle a renoncé à garder les oiseaux de la volière car ils ne s'y plaisaient guère et « mouraient comme des mouches ». Mais elle a gardé, pendant votre voyage, la clé de votre appartement du premier étage où elle seule a le droit de pénétrer, presque dévotement. « *Je me déplais au cœur de ton absence...* » On l'imagine très bien vous écrivant et vous parlant ainsi dans l'ombre, à l'abri du regard des autres, pour mieux vous retrouver. Ah ! Pierre-Augustin, je ne sais si vos épouses ont su vous aimer mieux que Julie – vous vous êtes d'ailleurs posé la question à trois reprises pour vous en assurer, sans négliger d'autres séances expérimentales – mais il est certain que Julie aura été la compagne discrète, complice de votre vie entière et de vos amours, tout autant que Mesdames Caron de Beaumarchais dont elle portait elle aussi le nom. N'y aura-t-il pas un peu de Julie dans cette troisième épouse, dont nous parlerons plus tard, que vous rencontrâtes, neuf ans après votre retour d'Espagne ? Elle possédait, elle aussi, toutes les vertus nécessaires de patience et d'amour, le calme des lacs suisses d'où elle venait, la tendresse indestructible dont vous aviez besoin pour rétablir – ne fût-ce qu'un instant – un équilibre constamment menacé par d'incessantes affaires, d'innombrables procès qui feront, en leur temps, votre renommée. Etourdissante activité dont vous aviez besoin pour mener jusqu'à son dernier souffle une vie qui, sans cela, n'aurait eu pour vous aucun sens. Mais il fallait une sacrée santé pour vous suivre ! Julie en possédait une excellente. Quant à Marie-Thérèse de Willermaulaz, cette troisième épouse qui n'a jamais cessé de vous aimer, en dépit de tout, elle était dotée, elle aussi, d'une solide constitution !

Pour l'heure, c'est Pauline qui vous occupe l'esprit. Pauline Le Breton, la ravissante créole que vous avez quelque peu délaissée pendant vos aventures espagnoles : « *Toute femme mérite un hommage*, direz-vous un jour, *peu sont dignes d'un regret...* » On n'est pas plus misogyne. Vous lui en exprimez néanmoins quelques-uns, en souvenir de vos soupirs passés, dans des lettres qu'elle reçoit avec froideur. Sans doute n'ignore-t-elle pas que, pour la remplacer, vous avez trouvé de nombreuses doublures, à Madrid. Et surtout la marquise ! Son parti est pris : elle épouse ailleurs. Vous n'aviez l'idée de convoler avec elle qu'en raison de sa fortune. Elle n'en a plus. Vous ne sanglotez pas. Exit la belle Pauline !

Petite formalité assez sordide : vous n'hésitez pas à lui réclamer des sommes avancées pour de certaines affaires où l'amour n'avait aucune part. C'est l'objet de vos présentes transactions. Ah ! Pierre-Augustin, voilà encore une pièce sur les rapports de l'amour et de l'argent que vous avez ratée. Au lieu de pondre *Les Deux amis*, sur les activités commerciales des Lyonnais, vous auriez dû raconter vos « fiançailles » souventes fois renouvelées avec Pauline la créole. Quelle belle scène par exemple que celle de la « petite note de frais » ! Rappelez-vous, Pierre-Augustin ! Vous la lui présentez pour les montres et pendules offertes, plus les bijoux et brillants dont vous l'avez parée, plus le voyage Paris-Nantes et « le transport de ses hardes » ; plus les soins pour trois mois de maladie à Nantes et à Paimbœuf, plus quelques lettres de change, plus le prix d'un télescope ! – pour voir quoi ? On ne sait pas ! –, plus divers appareils d'optique ! Le tout pour la coquette somme de dix mille trois cent quarante-neuf livres ! La mémoire vous revient, Pierre-Augustin ? Vous auriez pu appeler cette autre pièce *La Facture* ! Vous aviez à votre disposition, pour développer le thème, les multiples tentatives de coucher avec la Le Breton, et l'arrivée dans sa vie d'un parfait honnête homme, Monsieur Séguiran, qui, lui, sera plus convaincant et convaincu que vous : il l'épousera quelques mois plus tard.

Vous auriez pu justifier vos besoins d'argent en laissant entendre à Pauline que vous attendiez des « rentrées » espagnoles qui tardaient. En ce cas-là, on racle les fonds de tiroir. C'est classique. Vous n'aviez reçu qu'une lettre « satisfecit » du Premier ministre espagnol pour les remplir. C'était peu !

« *J'ai été fort aise, Monsieur, de vous connaître, et le suis de pouvoir rendre ce témoignage à votre capacité. Si... vos projets eussent été compatibles avec la Constitution de l'Amérique espagnole, je pense que leur succès vous en eût mieux convaincu...* », etc.

Merci Monsieur le ministre. On n'est pas plus aimable.

Par bonheur, les « rentrées » espagnoles finiront par rentrer, et Pâris-Duverney, toujours aussi attentif et fidèle, vous conseille alors d'investir dans le bois. La forêt de Chinon s'offre à vous. Vous foncez à Chinon. Vous vendez votre charge de secrétaire du roi soixante-dix mille livres (mazette !). Pâris-Duverney vous avance le reste. Vous achetez neuf cent soixante hectares. La forêt de Chinon va vous valoir un nombre infini de déconvenues.

Pourtant, avant d'arriver dans les bois, vous aviez acquis une singulière et parfaite connaissance des lois économiques et de la gestion des affaires. Vous aviez beaucoup lu et beaucoup retenu de vos lectures et des leçons de votre vieux père spirituel. On dit même que vous gardiez à l'Ecossais Law, dont nous avons tous appris le système à l'école et la faillite finale, une certaine admiration. Comme lui, vous compariez la circulation de l'argent à celle du sang dans le corps ! « Le défaut de la circulation dans un Etat, écrivez-vous, entrave celui de la consommation... Le défaut des acheteurs décourage les travaux... »

C'est moderne ça, Pierre-Augustin. Mais à Chinon, cela n'avait pas cours.

Pour vous distraire de vos difficultés sylvestres, vous écrivez *Eugénie*. Ça ne les arrange pas ! Même si Voltaire s'est écrié : « Je lirai *Eugénie* pour voir comment un homme aussi pétulant que Beaumarchais peut faire pleurer le monde ! » Vous ne pourrez guère que lui retourner le compliment : « Je lirai *Zaïre* ou *Mérope* pour voir comment un homme aussi spirituel que Voltaire peut l'ennuyer à ce point-là ! »

On peut appartenir aux « Lumières », comme vous Pierre-Augustin, et ne pas voir clair en soi...

Précurseur avisé, et pour combler les vides d'*Eugénie*, vous inventez entre les actes des « jeux de scène », rideau ouvert. Certains innovateurs qui, de nos jours, s'efforcent d'inventer des « p'tits trucs audacieux pour dépoussiérer les classiques », savent-ils qu'ils vous doivent ces premières hardiesses ? Tout comme on doit à Voltaire, amoureux de ses tragédies, d'avoir chassé de la scène des spectateurs qui, jusqu'alors, avaient le droit de s'y asseoir ! Rappelons-nous le premier acte de *Cyrano*, Pierre-Augustin. Vous avez dû regarder cela de là-haut, non ?

Vos petites nouveautés permettaient au public de voir, entre le deuxième et le troisième acte d'*Eugénie*, une femme de chambre ouvrir une malle, d'en extraire quelques robes, de les juger un peu fanées, de les secouer puis de les déposer dans la malle, d'ouvrir alors un carton à chapeau, de se parer dudit chapeau devant un miroir, et sur un coup de sonnette retentissant en coulisses, de remettre prestement le chapeau dans le carton, la robe dans la malle et de sortir de scène... Passionnant, non ? Ça ne faisait pas avancer l'action d'un millimètre mais ça divertissait le public, paraît-il ! On a fait mieux depuis pour cette distraction-là...

Louis Jouvet dira un jour, de sa voix inimitable : « Quand il y a de la sauce, y a pas de texte ! » Et déjà, en votre temps, Fréron, que n'aimait pas Voltaire, écrivait à ce propos : « Le théâtre n'a nul besoin de ces singeries. »

Je leur laisse l'entière responsabilité de ces jugements.

Mes confrères de la Comédie-Française ont, à l'époque, décidé un jour de supprimer ce qu'ils appelaient « ces jeux d'entracte » car ils risquaient, pensaient-ils alors, de « décontenancer le public ». Pauvre public ! A travers le temps on n'a pas cessé de Te décontenancer, et Tu es toujours là pour constater que, jeux d'entracte ou pas, innovations ou non, au théâtre « rien ne se crée, tout se transforme ». On ne le remerciera jamais assez de sa vertueuse fidélité, Pierre-Augustin... le public !

Je m'aperçois, Pierre-Augustin, que je vous parle

parfois avec irrévérence, et je vous prie de vouloir bien me pardonner. Vous êtes en droit de présenter votre défense quand vous le voudrez. Je vous y aiderai même au besoin en citant les hauts faits de votre vie, car ils existent. Dieu merci ! En voici un, par exemple. A l'arrière de votre carrosse que Julie a si soigneusement entretenu pendant votre absence, se tient un valet de pied. Beau mulâtre, fort décoratif, sa seule fonction est de déplier la petite marche qui vous aide à poser le pied rue de Condé, riche de crotte et de crasse, ou à monter dans ledit carrosse. Allural, non ? Esclave évadé de la Martinique – ce que vous ignorez –, il est recherché par la police ! Bien entendu, il est un jour arrêté – et avec rudesse – par un exempt. Est-ce le remords d'avoir vendu des esclaves en Espagne qui vous prend alors – car il faut bien admettre que cela faisait partie de vos missions –, vous réagissez avec feu ! Le rapport établi par l'exempt vous accable. A le lire, on croit entendre l'accent rocailleux, et voir les souliers à clous dont seront dotés gendarmes et agents de police cent cinquante ans plus tard. Je résume : « Le " parrrticulier " a employé les voies les plus violentes, les invectives les plus grossières pour me le ravir [l'esclave !]. Il m'a traité, *en me tutoyant*, de faquin, de bourreau... indépendamment des voies de fait qu'il a employées. La prudence m'a empêché de riposter ! Vous voudrez bien le punir et le mettre dans le cas de me faire une réparation proportionnée aux injures qu'il m'a débitées... *gratuitement* ! » Ce petit poulet doit parvenir à Sartine, chef de la police criminelle. Vous prenez peur. Non sans raison. Vous risquez d'être chassé de votre fonction de magistrat de La Varenne du Louvre ! De revenir à cette condition roturière que vous exécrez. Vous bondissez chez Sartine, après lui avoir écrit votre version des faits. Une fois encore, votre charme opère. Sartine va étouffer le scandale. C'est le début d'une amitié qui, entre vous, ne se démentira jamais avec le temps. Il vous reste à obtenir la libération de Lucas, votre beau mulâtre. Vous devenez alors un défenseur véhément des Droits de l'homme ! Vous qui étiez chargé de vendre des esclaves, il y a peu, vous vous muez en antiesclavagiste acharné ! Faut le faire. Dans un placet, vous affirmez l'égalité des races. Je résume : « Tous les hommes, bruns, blonds ou châtains sont frères, dans tout le monde chrétien. Notre religion a ce principe sublime... Mais aux Antilles et dans tout l'Occident... dès qu'on a l'honneur d'être blanc... il est permis d'atteler son frère basané à une charrue... pour l'instruire dans la religion chrétienne. Si tout est bien dans l'univers c'est seulement pour le Blanc qui fouette... » J'ai résumé votre indignation car elle vous pousse, comme toujours, à développer longuement. Tout en respectant la raison d'Etat qui permet que les Noirs souffrent et travaillent pour les Blancs, vous suppliez dans votre placet de considérer que : « S'il est vrai que tous les hommes à couleur brune qui sont en France doivent être vendus au marché public, votre malheureux Lucas, lui, n'est que *jaunâtre.* » Il peut donc être excepté de la proscription générale ! Vous couronnez votre diatribe par une sorte de petit rondeau que vous attribuez sans vergogne à votre malheureux Lucas qui n'avait pas mérité ça !

Si tout est bien, que signifie
Que par un despote asservie
Ma liberté me soit ravie ?
Je sais que l'auteur de ma vie
M'a créé libre et que je sers.
Suis-je un méchant ? Suis-je un impie ?
Tout est fort mal dans l'univers.

On ignore si vos vers ont attendri la police, mais Lucas va être libéré. On ne peut qu'admirer une telle et si rapide « évolution ». A n'en pas douter, vous étiez né pour le théâtre plus que pour la poésie, Pierre-Augustin ! Vous n'êtes vraiment vous-même qu'à travers les excès, les paradoxes et les paroxysmes dont le théâtre se nourrit en les transformant, selon l'humeur de l'auteur, en autant de drames, de comédies, ou de rires !

En voulez-vous un exemple ? Chinon ! Vous ne connaissez rien à la nature, aux bois et aux arbres. Vous êtes capable de demander à un forestier, ébahi, pourquoi en décembre les arbres sont à ce point dépouillés de leurs feuilles ! Et quand il vous répond qu'en hiver c'est chose courante... vous ne pouvez que constater son air goguenard. Devenu forestier, vous passez des heures, des jours, des mois à vous ennuyer à Chinon. Ou pire : sur les routes *entre* Paris et Chinon ! Le poids de vos neuf cent soixante hectares vous retombe constamment sur les épaules. Et pourtant, malgré difficultés et soucis, vous contez, séraphique, votre ravissement à votre seconde épouse : « Je loge dans mes bureaux... bonne ferme très paysanne... Je dors comme une soupe... Je vois en t'écrivant toutes les varennes et prairies du vallon... remplies d'hommes robustes... Une multitude de femmes et de filles, râteau sur l'épaule... J'entends leurs chants aigus... je vois le cours tortueux de l'Indre... les cimes chenues des arbres... qui se multiplient à perte de vue... » C'est pas beau, ça ! Cette fois, on dirait du Jean-Jacques Rousseau ! A peine reconnaissez-vous que la nourriture est modeste et le vin exécrable. On sent sous cette sérénité bucolique votre goût des phrases. Est-ce pour rassurer celle qui, à Paris, vous attend en filant la quenouille ; du moins telle que vous semblez l'imaginer ? Vous vous plaisez à lui mentir, à ciseler les mots tel un acteur qui s'efforce de masquer les faiblesses d'une pièce en prenant des airs inspirés. Vous êtes « théâtre », Pierre-Augustin. Et ce n'est pas moi qui vous le reprocherai. « Forcé de parcourir la route où je suis entré sans le savoir comme j'en sortirai sans le vouloir », dites-vous dans le monologue du *Mariage*, ce caviar offert à la gourmandise des acteurs... vous la parez d'autant de fleurs que votre gaieté vous le permet !

Mon Dieu... quand j'y pense !

Qui donc me guidait quand j'ai interprété votre monologue ? L'instinct ? Ma mère ? Cinquante ans plus tard, découvrant peu à peu les étapes de votre vie, je me demande comment j'ai pu vivre, et surtout faire vivre cette part de vous-même en ignorant tout des aveux qu'il contient.

Je sais bien que l'instinct supplée à tout dans notre recherche et que c'est, par bonheur, l'intelligence de l'acteur. Mais tout de même ! Vous apparaissez derrière le costume espagnol si brusquement humain, tragique, frondeur, fragile, désemparé, mais animé cependant d'une force constante ! Pour vous jouer, pour le vivre « de l'intérieur » ce monologue, il faut une densité, un vécu que la jeunesse ne possède pas. Ou pas encore. Je ne les possédais pas. Et pourtant – dilemme –, pour assumer la diversité, le poids du personnage, sa prestesse, il faut être jeune. Le rôle exige une condition physique d'athlète pour dominer les cinq actes ! Il faut y arriver au bout de cette folle journée ! A la réflexion, je crois que je pourrais mieux vous jouer maintenant ! Mais dans un studio de radio, rides à l'abri d'un micro !

Une anecdote en passant, Pierre-Augustin. J'ai joué votre *Mariage* en 1964, avec la Comédie-Française, en URSS, celle de Khrouchtchev. La pièce était évidemment connue, tant à Moscou qu'à Leningrad-Saint-Pétersbourg. Elle avait été mise en scène bien des années auparavant par Stanislavski, le grand metteur en scène russe. A la russe, bien entendu. Nous la jouions en français dans une mise en scène, à la française, de Jean Meyer. Sans doute n'exaltait-elle pas assez les vertus révolutionnaires et la montée du tiers état, car la presse avait été condescendante et même réservée en dépit de l'accueil et des réactions tout à fait extraordinaires des salles. Mais là n'est pas l'intérêt. Je veux simplement vous dire, Pierre-Augustin, à quel point les petites phrases glissées dans le monologue sur la liberté de la presse faisaient mouche : « *Sans la liberté de blâmer, il n'est pas d'éloge flatteur !* » Ou encore : « *Il n'y a que les petits hommes qui redoutent les petits écrits !* » Pire : « Il s'est établi un système de liberté qui s'étend même à celle de la presse ! Et que, pourvu que je ne parle en mes écrits *ni de l'autorité, ni du culte, ni de la politique, ni de la morale, ni des gens en place, ni des corps en crédit, ni de l'Opéra, ni des autres spectacles, ni de personnes qui tiennent à quelque chose... je puis tout imprimer librement ! Sous l'inspection de deux ou trois censeurs.* » Un rire de délivrance éclatait alors sur ces dernières phrases. Effet qui ne se produisait jamais en France. Mais le silence revenait aussitôt sur : « Je vois s'élever contre moi mille pauvres diables à la feuille ! On me supprime. Et me voilà derechef sans emploi... »

Est-il nécessaire de commenter ?

J'ai joué aussi ce monologue en 1966 pour le centenaire du journal *Le Figaro*... à l'Opéra de Paris ! En le répétant, je me suis retrouvé face à l'indifférence des machinistes, plus habitués aux *Noces de Figaro* qu'à son mariage. Et le soir du gala, devenu en quelque sorte l'image vivante du journal face à une salle luxueuse, succédant à Noureev et Margot Fonteyn, à Igor Markevitch et à Tatiana Troyanos, illustre chanteuse grecque et wagnérienne... je n'ai pas senti les mêmes vibrations qu'à Moscou ou Leningrad ! Je n'avais que le souci de me faire entendre, sans micro, du foyer de la danse jusqu'à la rampe du bord de scène (cinquante mètres environ). Aux premiers mots : « O femme, femme, femme... créature faible et décevante... », j'ai pensé que les huit ou neuf minutes que dure votre monologue allaient me paraître bien longues... Mais jouer, c'est combattre, et « combattre c'est vivre ». Vous le savez mieux que personne.

Je vais vous faire un aveu, Pierre-Augustin. Il est à votre gloire. Peu à peu le miracle a opéré ! « Ils » m'ont écouté !

A propos de « femme, femme, femme », me permettez-vous d'évoquer le souvenir de votre seconde épouse, Pierre-Augustin ? Il illustre aussi ce que j'ai appelé « vos hauts faits » et vous valorise, à mes yeux, tout autant que les procès (gagnés) ou les affaires (réussies) que vous avez menées. Vous la rencontrez, dit-on, d'une façon tout à fait romanesque cette veuve Lévêque, née Watebled. A cheval ! A la promenade ! Dans l'allée... des Veuves, précisément ! A l'écart des Champs-Elysées, campagne parisienne en ce temps-là. Elle est belle et, ce qui ne gâte rien, fort riche. Passionnée et timide, Geneviève Lévêque s'avance masquée de ses voiles de deuil... La Fontaine l'a dit : « Le deuil sert de parure ».

Elle a vécu treize ans avec Antoine Lévêque. Il l'a trompée copieusement ! Il vient de mourir. Elle vous a trouvé fière allure sur votre beau destrier mais pour le mariage... tintin ! Elle n'a plus envie d'en revivre les disgrâces. Elle vous connaît de réputation. Elle sait, et vous le dit, que « *la plupart des hommes sont peu retenus par le serment qu'ils font aux autels* »... Que répondre à cela ? « Madame, je suis homme d'honneur. » Vous lui jurez alors fidélité. Et elle vous croit ! On ne résiste guère à votre dialectique. Et puis, vous, à cheval... sur les Champs-Elysées, ce séjour des bienheureux, l'image lui chauffe l'esprit ! Vous l'invitez à dîner, chez vous, rue de Condé, entouré de votre père et de vos sœurs. La famille aussi fait sa conquête. Peu à peu vous écartez les voiles et le deuil s'envole. Antoine Lévêque est mort en décembre 1767. Vous épousez Genevième née Watebled en avril 1768 ! Quatre mois pour la convaincre, délai raisonnable : la forme est bonne. Il était temps : huit mois après les noces, elle accouche d'un fils, Augustin. C'est pour vous une joie immense : désormais vous savez, à Chinon, pour qui vous travaillez ! Et la rumeur publique assure que vous êtes fidèle ! L'êtes-vous réellement ? Peu importe. Une femme, un fils : vous êtes heureux. Hélas ! Vous n'allez pas le rester très longtemps. En 1770, vos *Deux Amis* sont joués sur la scène de la Comédie-Française. Pas très longtemps non plus ! Onze représentations. Même en ce temps-là c'est peu, très peu. Le baron Grimm vous assassine dans un article qu'il conclut par ces vers :

J'ai vu de Beaumarchais le drame ridicule
Et je vais en un mot vous dire ce que c'est
C'est un change où l'argent circule
Sans produire aucun intérêt...

Il vous accuse de ne pas savoir écrire, de ne pas « entendre le théâtre ». Il explique que vos personnages « entrent et sortent sans savoir ni comment ni pourquoi ». Et que vous devriez vous louer de l'indulgence des juges « qui ont bien voulu bâiller tout bas quand ils pouvaient siffler tout haut ». Finalement, de nos jours on est plus câlins : une étoile, deux étoiles, trois étoiles, comme dans le Guide Michelin, ou pas d'étoile du tout ! C'est moins lourd à digérer.

On comprend aisément, Pierre-Augustin, qu'à cet instant de votre vie les affaires vous aient attiré bien plus que le théâtre. Elles vous apparaissent, en dépit de tout, moins décevantes et plus lucratives. Même si Chinon et sa forêt ne se portent pas mieux que *Les Deux Amis*, peu de gens le savent ! Tandis qu'un échec au théâtre se répercute d'échos en échos jusqu'aux oreilles « amies » toujours attentives à les recueillir. Surtout quand le public, lui aussi, s'en mêle. Ainsi on pouvait voir au fronton du théâtre, sur l'affiche de votre pièce, juste au-dessous du titre, le petit commentaire qu'un spectateur facétieux y avait ajouté :

Les Deux amis
... par un auteur qui n'en a plus aucun !

Quand on a éprouvé les désagréments d'un « bide », nous tentons, nous acteurs, Pierre-Augustin, de sortir la tête de l'eau en accrochant l'attention du public par tous les moyens, à chaque représentation ! Tous ne sont pas bons, je vous l'avoue. Mais c'est parfois la seule façon d'espérer et de croire... qu'on va sortir vainqueur du combat ! C'est en vain et cela ne dure, hélas, jamais très longtemps. Peu à peu les salles se vident. C'est douloureux... Pour un auteur dramatique, la seule thérapeutique, c'est d'écrire, au plus vite, une autre pièce.

Eugénie, comme vos *Deux Amis*, contenait en

germe quelques éléments qui pouvaient vous y encourager, Pierre-Augustin, afin de ne pas vous abandonner aux humiliations de l'échec. Savez-vous que vous aviez tenté le diable ? Une pièce sur l'argent est toujours difficile à proposer au public français. Ceux qui en ont, affectent de le mépriser. Ceux qui n'en ont pas ne peuvent être émus par les prétendus drames qu'une telle possession provoque !

Traversée de procès sans fin, de scandales sans nombre, de calomnies en tout genre, bref... de tous les drames qu'un homme de votre trempe, de votre envergure et de votre humeur peut susciter ou subir, cette nouvelle décennie qui s'ouvre en ce mois de janvier 1770 commence donc mal, fort mal pour vous, Pierre-Augustin. Hormis le triomphe du *Barbier de Séville*, différé de trois jours mais éclatant trois jours plus tard et qui n'arrivera qu'en 1775 ! Pour un homme pressé, c'est bien loin ! « Tous mes biens sont encore saisis, écrivez-vous, je plaide pour les ravoir. N'est-il point temps que le malheur finisse ? »

8

Me permettez-vous une lapalissade, Pierre-Augustin ?

Quand on a le goût, ou la curiosité, d'entrer dans la vie d'un créateur... ce que je fais avec vous en ce moment, on s'aperçoit que tous les accidents de son parcours – ou presque – ont un rendez-vous commun : la création. Enfouis, dissimulés ou « à découvert », chocs, drames et joie se retrouvent tous – ou presque – en elle. Ils la nourrissent, la gonflent de leur réalité – « frappe-toi le cœur, c'est là qu'est le génie » –, faisant parfois d'une seconde vécue une heure de fiction. Ou « d'un tabouret... une montagne » ! Le créateur rend à l'imaginaire ce que la vie lui a donné. Il enrichit ses personnages d'une chair qui est, en partie, la sienne. Cette grâce du ciel, c'est sa consolation. Les calomnies multiples qui vous ont accablé, Pierre-Augustin, se retrouvent dans votre fameuse tirade du *Barbier de Séville* : « C'est d'abord un bruit léger, rasant le sol, comme l'hirondelle avant l'orage... »

Les procès, les scandales, la mort surtout, la mort qui vous cerne en ces années 70, celles de Pâris-Duverney, de Geneviève, de votre fils Augustin, trouvent leur écho dans le monologue du *Mariage* : « O bizarre suite d'événements. Comment cela m'est-il arrivé ? Pourquoi *ces choses* et non pas d'autres ? *Qui* les a fixées sur ma tête ? » Toutes ces questions que chacun se pose à un moment quelconque de la vie, vous les offrez à votre Figaro qui les pose, lui, fort opportunément dans son monologue du *Mariage*. Pour cette seule année 1770, après l'échec des *Deux Amis* en janvier, c'est la mort, en mars, de votre petite fille Aimable-Eugénie que Geneviève votre femme vient de mettre au monde. Ce drame vous atteint tous les deux. La petite fille n'aura vécu que quelques jours. Puis c'est Pâris-Duverney qui tombe malade. Il lutte contre la mort – qui finira par l'emporter – pendant deux mois. Deux mois au cours desquels son arrière-petit-neveu, le comte de La Blache, devenu par intrigue héritier légal, et vous, Pierre-Augustin, héritier de cœur, sans droit mais en possession d'actes rigoureusement authentiques qui vous assurent une part légitime des biens, vous allez vous disputer, vous déchirer l'un et l'autre au chevet du vieillard – ou au dehors – pour savoir qui va recevoir ces produits d'une fortune considérable...

La Blache, qui vous hait, veut tout. C'est le début de procès tordus, d'attitudes ignobles, d'allusions perfides sur vos rapports équivoques avec Pâris-Duverney (il a exigé de votre amitié, avant de mourir, que vous brûliez une correspondance commune, et tout à fait particulière, sur « ce que vous savez de lui et qui le regarde »). Sordide ballet où chacun se jette à la tête vérités et mensonges, documents et parchemins par-devant notaire. Les négociations avortent à propos d'arrêt de comptes vrais mais déclarés faux, d'actes de corruption avérée mais démentie, de signatures extorquées... Images de haine, comédie atroce autour d'un mourant, apeuré par la mort, terrorisé par son neveu, mais qui peut encore lire dans les regards qui le fixent la rapacité de l'un, l'inquiétude de l'autre qui refuse d'être spolié – votre compassion tout de même, Pierre-Augustin – au seul motif de l'argent ! Et Pâris va mourir en juillet, à quatre-vingt-six ans, laissant à son neveu la part essentielle de sa fortune, alors que vous ne recevez rien ! Sa mort et les procès qui suivent vont déclencher un scandale politico-financier énorme. Vous êtes condamné pour faux. Le rapporteur du procès La Blache, le conseiller au Parlement Goëzman, est accusé, lui, de corruption. Son épouse a gardé pour elle votre caution de quinze louis ! La révélation de « pots-de-vin » reçus à l'occasion de chaque jugement et de chaque audience, dont les vôtres, Pierre-Augustin, condamne Goëzman ! Et c'est vous qui avez déchaîné la tempête.

Blâmés l'un et l'autre – à genoux devant la cour,

c'est l'usage –, vous perdez vos droits civiques et le soutien des princesses de France. Vous êtes quelque temps emprisonné à For-l'Evêque et chassé de la rue de Condé ! Vous ne retrouverez la liberté, non sans mal, que beaucoup plus tard. Mais, de *Mémoires* en *Mémoires*, publiés et vendus... (à six mille exemplaires !) puis brûlés dans la cour même du Palais de Justice, vous gagnez la faveur irrésistible de l'opinion publique : force nouvelle en ce XVIIIe siècle. Vous trouvez bientôt Voltaire et le prince de Conti à vos côtés. Ce prince qui affirme : « Beaumarchais sera payé ou pendu ! » A quoi Sophie Arnould, l'illustre cantatrice qui vous connaît et connaît son monde, rétorque : « S'il est pendu, la corde cassera ! » Votre « vedettariat » s'affirme.

Toutes ces affaires vous occupent l'esprit – c'est le moins – quand votre fils, Augustin, meurt à son tour en octobre 1772, vous laissant quelque temps hébété. Et Chinon est toujours là. Chinon et ses contraintes... Chinon qui vous semble soudain si inutile après la mort d'Augustin.

Comment dans ces conditions écrire pour le théâtre, souci toujours présent mais jamais totalement satisfait, faute de temps ? Vous allez ajouter à votre *Barbier* toutes sortes d'allusions aux événements que vous vivez. Le public de la Comédie-Française n'en a cure : c'est un échec !

Pour tout autre, ce serait le découragement !

Pour vous c'est l'occasion de rebondir !

Vous rectifiez tout en trois jours – je l'ai dit – et c'est le triomphe ! Mais la tempête que vos affaires ont provoquée, vous ne la maîtrisez plus. Le gouvernement des juges – et leur probité – est dénoncé. Petite histoire qui court les pavés parisiens : un magistrat questionne un prévenu, ahuri et silencieux devant ce qu'on lui reproche. Il le somme de répondre !

— Alors, qu'opinez-vous ? interroge le juge.

— Je ne copine pas, Monsieur le juge, répond le malheureux. Je ne copinerai qu'après que tous les juges auront copiné, eux aussi !

Louis XV vient de renvoyer Choiseul, son ministre des Affaires étrangères. L'existence du parlement Maupeou (du nom même de ce chancelier), nouveau parlement mis en place par Louis XV, pour supprimer l'ancien, et dont tous les écoliers de France ont appris dans leurs manuels scolaires l'histoire et la volonté réformatrice... est rendu caduc. Les réformes attendront : ce ne sera ni la première ni la dernière fois. Louis XVI viendra à régner qui supprimera, dès son accession au trône, ce fameux parlement. Ce qui une fois de plus animera l'esprit des faubourgs – « Louis XV a détruit l'ancien parlement. Quinze louis ont détruit le nouveau ! » – rappelant ainsi la duplicité de Madame Goëzman, l'épouse du juge et ses quinze louis de caution non restitués.

Pendant ce temps, le déchaînement de chacun

autour de la mort de Pâris-Duverney, la naissance de la petite Aimable-Eugénie et sa disparition brutale ont détruit la santé de votre épouse, déjà très affaiblie par un mal contre lequel elle lutte en vain depuis des années et qui n'a cessé d'empirer : la phtisie.

Vous allez alors donner de vous une image tout à fait exceptionnelle. Nuit et jour, vous restez près d'elle. Vous dormez dans le même lit, comme pour la protéger. Vous la prenez dans vos bras, afin d'éloigner d'elle toute idée de mort. Vous la faites rire, ou du moins vous le tentez, car la toux ne cesse plus. Vous avez appelé à son chevet les plus éminents médecins, dont le célèbre Tronchin. Il apprend un jour votre attitude et vous met en garde contre les risques certains de contagion. Il vous ordonne même de faire chambre à part.

— Comment le pourrais-je ? protestez-vous. C'est dans mes yeux qu'elle cherche et qu'elle trouve un peu d'apaisement. Ma présence près d'elle c'est l'espérance de sa guérison... Si je m'en écartais, je lui porterais un coup mortel. Je ne puis m'y résoudre.

Tronchin comprend et va changer de stratégie. Entrant inopinément, un matin très tôt, dans la chambre de Geneviève, il vous découvre allongé à ses côtés, dans le lit conjugal. Il se prend alors de colère. Vous reproche le peu de compassion que vous manifestez à votre épouse qui s'efforce de ne pas bouger, de ne pas tousser, pour ne pas vous réveiller !

— Etes-vous inconscient à ce point ? s'exclame-t-il.

Geneviève proteste alors :

— C'est pour être attentif à mes souhaits que mon mari reste auprès de moi. Il veille ainsi à ce que rien ne me manque...

Tronchin reste inflexible. Il exige que vous quittiez la chambre jusqu'à la complète guérison de Geneviève.

— Vous dormirez désormais dans un autre lit ! tonne-t-il.

— Mais dans la même chambre ! répondez-vous sur le même ton.

Tronchin cède car toute cette scène a été convenue entre vous.

Hélas ! Tout cela est vain. Geneviève va mourir en décembre 1770. Vous êtes veuf pour la seconde fois, treize ans plus tard. Cela porte malheur, sans doute ! Madeleine Franquet était morte après un an de mariage. Geneviève décède, elle, après deux ans. La calomnie démarre... « Rasant le sol comme l'hirondelle avant l'orage... », la rumeur « siffle et s'enfle à vue d'œil » : vous avez empoisonné votre première épouse, Pierre-Augustin, la seconde vient de subir le même sort ! C'est à la fois ignoble et faux : la petite fortune de Madeleine est allée à sa famille. Celle, plus importante, de Geneviève, est presque entièrement placée en « viager » ! Vous aviez donc intérêt à ce que Geneviève vive. Mais la calomnie ne se soucie guère de logique. Elle laisse ses traces « de haine et de proscription ». Chinon vous ruine. Pâris-Duverney ne peut plus vous aider. Les actes vous léguant une part de son héritage sont déclarés faux. La calomnie se nourrit de ces prétextes et « grandit à vue d'œil » ! Les procès continuent. Une lamentable affaire va pouvoir éclater.

Geneviève, en mourant, laisse une importante quantité de bijoux et de diamants. Elle peut être estimée à cinquante mille livres. Poussé par la nécessité, vous commettez alors, Pierre-Augustin, une grande imprudence. Vous décidez de les vendre au plus tôt. Et vous écrivez au jeune marquis de La Rochefoucauld, amant d'une petite danseuse de l'Opéra, Mademoiselle Bèze (comme son nom l'indique !), qui doit bientôt convoler avec une autre. Il pourrait donc mettre les diamants dans la corbeille de la future. Vous lui proposez, toujours par lettre, d'examiner les pierres. Rencontre. Accord éventuel. « Ils sont fort beaux. » Le marquis emporte chez lui les diamants pour les montrer à maman. Normal. Deux jours se passent. Maman est satisfaite et consentante. Le marquis rapporte les diamants rue de Condé. Réflexion sur le prix. Deux jours se passent encore. Le marquis demande à les revoir. Confiant, vous les lui faites porter chez lui par votre domestique. Seconde imprudence ! Le lendemain, les diamants vous reviennent. Maman n'est plus d'accord. C'est fâcheux mais ce n'est pas encore grave. Hélas... le marquis a montré partout lettres et diamants prouvant vos tractations. Ce n'est peut-être qu'un jeu mais ce jeune blondin appartient au Tout-Paris, à la « jet-set » du temps. Bientôt s'enfle la rumeur de salon en salon : « Le vil Monsieur de Beaumarchais s'est employé à revendre les bijoux de sa femme... *dix jours après sa mort* ! » Vous aurez beau vous défendre avec la plus grande dignité, Pierre-Augustin, les salons sont heureux de vous considérer comme un petit boutiquier ! Vous en avez déjà souffert. Vous allez en souffrir souvent, pour ne pas dire toujours. C'est un luxe bien inutile mais cela est. Seule vengeance, ou plutôt seule consolation : écrire. Et vous écrivez, Pierre-Augustin, une lettre... que je résume :

« Monsieur le marquis. Il me revient de toute part que vous me faites l'honneur de promener dans le monde, comme une chose fort ridicule, une lettre toute simple que je vous ai écrite à l'occasion de diamants dont je voulais me séparer... Si vous aviez ajouté aux rieurs que, dans le XVIIIe siècle, *sur la seule foi de votre nom* et sans avoir l'honneur de vous connaître, un homme de mon âge a confié à un homme du vôtre, un écrin de quarante à cinquante mille francs, *sans aucune reconnaissance* et le lui a laissé tout autant de temps qu'il lui a plu de le garder... quelques personnes raisonnables vous auraient peut-être fait remarquer que la franchise et la noblesse de mon procédé méritaient de votre part plus d'indulgence... pour les irrégularités de mon style. »

Bien des années plus tard, cette humiliation et combien d'autres, viendront déchirer, à vos yeux, cette aristocratie qui vous refuse et enrichir votre monologue du *Mariage*, Pierre-Augustin. « *Parce que vous êtes un grand seigneur, vous vous croyez un grand génie !* Noblesse, fortune, un rang, des places, tout cela rend si fier ! Qu'avez-vous fait pour tant de biens ? *Vous vous êtes donné la peine de naître, et rien de plus* ! *Du reste, homme assez ordinaire...* »

On imagine très bien votre jubilation, en écrivant cela ! Cette juste colère de Figaro contre le comte Almaviva, c'est votre colère à vous devant le mépris d'une classe qui, malgré vos titres, les parchemins achetés et payés, vous dédaigne. Figaro venu au secours de Beaumarchais venge avec ces mots-là le petit boutiquier du tiers état, l'apprenti horloger de la rue Saint-Denis...

C'est un peu « démago » ce que j'écris là. Et pour moi qui suis ce que j'ose appeler « poétiquement royaliste », cela peut paraître déplacé. Mais cela est ! Le sentiment de votre valeur, que conteste « le sort de la naissance », c'est votre lutte des classes !

D'ailleurs, Pierre-Augustin, vos répliques elles aussi sont un peu « démago ». Vous étiez parfaitement entiché de noblesse. Vous couriez derrière elle. Néanmoins vous écriviez contre elle. Vous avez même pu passer quelques instants pour véhiculer des idées révolutionnaires, alors que, « peu favorable aux bouleversements », vous avez été bien plus souvent au service des rois. Je sais, cela s'appelle parfois « être libre »... mais cela peut passer aux regards de bien des gens pour un peu d'opportunisme, non ?

Gardiez-vous secrètement pour vous cette confidence qu'on ne trouve nulle part dans votre œuvre mais que votre postérité a découverte dans vos papiers ? « C'est le Tiers-état qui fournit les grands hommes. C'est du Tiers-état – de l'état mitoyen entre la populace et la haute noblesse – que sortent les arts, les lumières et toutes les grandes idées utiles à l'humanité... »

Difficile de vous contredire.

9

Pierre-Augustin, je viens de vivre avec vous quelque chose d'inoubliable. De prodigieux, de fantastique, d'incroyable. D'ailleurs vous n'êtes pas obligé de me croire. J'ai rêvé de vous ! Parfaitement. J'ai rêvé de vous. Et nous nous parlions. Oui ! *nous nous parlions...*

Est-ce parce que je vis avec vous depuis quelque temps, c'est fort possible. Il nous arrive, à nous acteurs, lorsqu'on répète une pièce, d'être obsédés par le personnage dont on est chargé. Il vient à chaque instant nous occuper l'esprit. Le plus souvent la nuit, alors qu'on a beaucoup de mal à trouver le sommeil. A cause de lui. Et curieusement, le matin, au réveil, ce personnage apparaît différent, plus vivant, plus proche, plus familier même. Ai-je passé la nuit avec vous ? Sans doute car, je vous le répète, j'ai rêvé de vous ! Et vous me téléphoniez ! Je ne plaisante pas. J'ai rêvé, Pierre-Augustin, que vous me téléphoniez. C'est d'autant plus étrange que je ne me rappelle *jamais* mes rêves ! J'insiste là-dessus. Et surtout, surtout, que jadis, quand j'étais jeune acteur à la Comédie-Française, nous rigolions entre nous d'entendre Jean Yonnel, notre illustre doyen, nous affirmer de sa voix de bronze qu'il avait reçu jadis un coup de téléphone de Shakespeare ! Et lui non plus ne plaisantait pas. Alors qu'il répétait *Hamlet*, Shakespeare lui avait téléphoné en lui disant :

— C'est bien, mon petit, c'est très bien... vous êtes dans la bonne voie...

Aujourd'hui, j'ai atteint – et même dépassé – l'âge de Jean Yonnel. Et je ne rigole pas plus que lui. Vous m'avez téléphoné, Pierre-Augustin ! Cette nuit ! Et vous m'engueuliez !

J'emploie ce mot à dessein car il est plus significatif pour mes contemporains que « vous m'admonestiez afin de m'exprimer votre courroux ». Vous m'engueuliez sévèrement. Je vous ai entendu distinctement dans mon rêve me dire... pardonnez-moi si je prends le temps d'une respiration tant ce mot me bouleverse encore : « Dis donc, petit con ! » Oui, Pierre-Augustin, vous m'avez traité de petit con ! Et ne me dites pas que vous n'avez pas pu employer ce mot qui n'existait pas au XVIIIe siècle, j'ai une preuve ! Une épigramme ! Une épigramme lancée à la tête de Madame de Chaulnes et que j'ose à peine vous répéter tant elle est... Bref ! Si vous la connaissez, vous m'arrêtez. Madame de Chaulnes avait épousé en secondes noces un certain Monsieur de Giac, jeune nobliau sans fortune, perdant ainsi son siège à la Cour...

Et on lui faisait dire :

Si je quitte le rang de duchesse de Chaulnes
Et le siège pompeux qu'on accorde à ce nom,
C'est que de Giac a le vit... long d'une aune,
Et qu'à mon cul, je préfère mon c...

Vous la connaissiez ? Non ? Bon !

Dans mon rêve vous avez pâli et rectifié, d'un ton plus amène :

— Petit misérable ! Pourquoi ce livre sur moi ?

Je vous ai répondu alors, je m'en souviens très bien :

— Je ne savais pas quoi faire en vacances...

Vous m'avez fait alors observer :

— Mais mon cher Piat (oui, vous m'appeliez Piat !) tant d'autres déjà se sont chargés d'écrire sur moi ! Avec force détails. Une érudition sans faille. Une recherche attentive. Des éléments à chaque fois nouveaux ! En historiens de talent. Y compris dans ma propre famille, ma descendance. Déjà, de mon temps, mon ami Gudin...

Je vous ai interrompu car je venais de lire la veille au soir précisément le récit de votre première rencontre avec ce monsieur Gudin de la Brenellerie, votre historiographe, auteur du premier livre qu'on fit sur vous. J'ai osé vous dire :

— Si cela vous amuse, je peux vous en faire lecture. C'est Sacha Guitry qui la raconte.

— Qui ?

— Quoi... qui ?

— *Qui* raconte cette rencontre ? avez-vous insisté.

— Ah ! Euh... Sacha Guitry. Vous ne connaissez pas ? Il est né un siècle après vous. Il a écrit une pièce sur vous. Cela ne vous dit rien ?

— Non.

— Je peux me permettre néanmoins ?

— Je vous en prie.

J'ai alors commencé ma lecture de Sacha Guitry.

Beaumarchais est à table. Il mange. A sa droite, une écritoire. Entre deux bouchées, il écrit. Et d'ailleurs, il écrit plus qu'il ne mange. On sonne.

BEAUMARCHAIS

Ah ! Non ! Personne !

Un valet est sorti. Il revient quelques instants plus tard avec une lettre.

LE VALET

C'est un monsieur qui vient...

BEAUMARCHAIS

Eh bien, qu'il s'en retourne !

LE VALET

...avec une lettre d'introduction de Monsieur de Voltaire.

BEAUMARCHAIS

Alors, qu'il entre.

Voilà, c'est ainsi que Sacha imagine votre première rencontre avec Paul-Philippe Gudin de la Brunellerie, vous ai-je dit dans mon rêve. Et vous m'avez alors répondu :

— C'est complètement faux ! J'ai rencontré Paul chez Tonton ! Enfin, chez ma sœur... Madame de Miron. Et dès le lendemain, je l'ai invité à dîner chez moi, rue de Condé. Avec papa et Julie. Nous étions charmés, immédiatement.

— Croyez-vous que cela ait une importance quelconque ? ai-je alors demandé.

Totalement calmé, vous m'avez répondu en souriant :

— Aucune.

J'ai compris à ce sourire à quel point vous pouviez être séduisant quand vous le vouliez. Et j'ai aussitôt poursuivi ma lecture de Sacha :

BEAUMARCHAIS

Je m'excuse, monsieur, de vous recevoir à table et travaillant. Je vais vous demander d'avoir l'obligeance de me lire la lettre de Voltaire. Je n'ai que deux mains et elles sont prises.

GUDIN *(ouvre la lettre et la lit)*

Brillant écervelé que vous êtes...

BEAUMARCHAIS

Merci ! Donnez. Je vais la lire moi-même.

BEAUMARCHAIS

(*Il la parcourt puis la rend à Gudin.*) Non. Vous pouvez très bien en prendre connaissance...

GUDIN *(lisant)*

Brillant écervelé que vous êtes, j'ai peur que vous n'ayez raison contre tout le monde. Que de friponneries ! Que d'horreurs ! Que d'avilissement dans la nation. Vous vous attaquez au Parlement... mes vœux vous accompagnent ! Recevez ce Monsieur Gudin qui vous adore et ne m'oubliez pas... Je pense à vous. Voltaire.

A votre tour, vous sembliez tout rêveur. Et vous avez murmuré d'une voix bizarre :

— C'est drôle... ce n'est pas à moi que Voltaire a écrit cette lettre mais hormis cela... cela aurait très bien pu se passer de la sorte. Je me souviens d'avoir demandé à Paul : « Pourquoi m'aimez-vous ? » Il m'a répondu : « Parce qu'on vous hait ! »

— Alors çà ! C'est extraordinaire ! C'est exactement ce que Sacha fait dire à Beaumarchais et à Gudin quelques répliques plus loin ! Question et réponse !

Vous avez alors subitement éclaté à nouveau.

— Mon petit Piat !

C'est curieux, dans mon rêve, vous m'appeliez aussi « mon petit Piat » alors que j'ai quarante ans de plus que vous !

— Mon petit Piat, je ne sais pas ce qu'en dit votre Guitry, mais ce qui m'agace c'est que vous résumiez en cinquante lignes l'histoire de La Blache et de Goëzman, alors qu'elle a occupé les années les plus noires de ma vie !

— Je me suis permis de penser que cela allait ennuyer tout le monde..., ai-je rétorqué timidement.

Là, vous avez bondi ! J'ai cru que vous alliez me souffleter !

— Quoi... ennuyer... Mais alors si j'ennuie, pourquoi écrire sur moi ?

— Certes, mais...

— Vous n'avez même pas dit pourquoi j'étais en prison à For-l'Evêque ! Ce qui me mettait dans l'impossibilité d'aller solliciter mes juges. C'est capital, ça, dans ma condamnation !

— Solliciter vos juges ?

— Oui ! C'était la coutume ! Quand on était en procès avec qui que ce soit, pour quoi que ce soit, on rendait visite au juge. Pour parler de l'affaire. On lui remettait quelques présents, argent ou cadeaux... afin qu'il comprenne mieux la cause. Qu'il puisse rendre sa justice avec plus de sérénité. C'était l'usage. Comment le faire alors que je suis en prison ! En dépit des interventions répétées de Sartine, Monsieur de La Vrillière ne voulait rien entendre. Il ne me laissait pas sortir !

— Monsieur de La Vrillière... qui est-ce ?

— Le ministre de la Maison du roi ! Vous ne

savez donc rien ! Vous êtes ignare à ce point ? Monsieur de La Vrillière était chargé de distribuer les lettres de cachet ! Et il ne s'en privait pas ! On se retrouvait en prison sans savoir pourquoi ! Sans même que le roi en soit averti, le plus souvent. Ce monsieur voulait que je m'humilie devant lui. Il détestait tout ce qui touchait au théâtre ou aux lettres... « J'étais au bout de mon courage » ! La justice avait mis la main sur tous mes biens ! Plus de trois cent mille livres. Mon père était à la rue. Ma sœur Julie s'était réfugiée dans un couvent.

— Alors ?

— Alors... Je me suis finalement résolu à lui écrire ! Une lettre très plate. J'ai pu sortir de For-l'Evêque trois jours avant mon procès. Mais l'ignoble Goëzman ne m'a pas reçu. J'ai rencontré sa femme. Je lui ai remis une montre en or, quelques diamants, deux cents louis pour son mari, plus quinze autres qu'elle avait exigés pour son secrétaire, soi-disant... J'avais l'espoir que ces présents – ces épices comme on disait encore – me permettraient une entrevue avec son misérable mari ! Mais il a tout empoché et il ne m'a accordé que quelques minutes, le maudit ! Il m'a à peine écouté et j'ai été condamné... Vous auriez tout de même pu le dire, ça ! C'est l'origine de tout ce désordre !

Il reprit souffle un instant et je me suis permis de glisser prudemment :

— Mais, Monsieur de Beaumarchais... à part le

détail des sommes d'argent... tout cela est évoqué au troisième acte du *Mariage de Figaro*...

— Peut-être... mais pas ma détresse !

— Tant mieux, si vous avez su en rire. Et surtout en faire rire. Déjà, appeler votre juge Don Guzman Brid'oison, cela réjouissait tout le monde.

Vous avez encore souri à ce souvenir.

— C'est vrai. Dès que le laquais annonçait à l'entrée du juge, dans le décor de la salle d'audience, « Don Guzman Brid'oison », le public éclatait de rire.

— Et en plus, vous le faisiez bégayer : « A-a-pelez-é...les-é causes ! » C'était gonflé tout de même.

— Gonflé ?

— Audacieux.

— Si peu... comparé à ce que j'avais subi ! J'ai été plus... gonflé, comme vous dites, dans les *Mémoires* que j'ai écrits à propos de cette affaire !

— Mais pourquoi étiez-vous en prison ?

— A cause du fils de la dame de l'épigramme !

— La dame ? Chaulnes ?

— Oui. Celle qui, à son siège à la Cour, préférait le... de...

— Ah oui !

J'ai pensé aussitôt à Mademoiselle Ménard, cette comédienne dont vous aviez été l'amant, Pierre-Augustin. Et j'ai compris dans votre regard que j'avais vu juste. J'ai murmuré :

— Vous permettez que je vous lise encore Guitry ?

— Encore ! Pourquoi ?

— Il parle de vous, de Chaulnes et de Mademoiselle Ménard.

— Sa maîtresse !!!

— Oui. Et la vôtre aussi, Pierre-Augustin. Il évoque cette rencontre terrible entre vous trois, chez vous...

— Chaulnes était une brute ! Un taureau furieux. Cent vingt kilos, un mètre quatre-vingt-dix et...

— Je peux lire ?

— Allez-y.

Avant que j'aie pu prononcer le premier mot, vous avez ajouté :

— Elle était ravissante, vous savez.

— Qui ?

— Ménard...

— Ah...

— Oui. Grimm, ce vieux poussah, lui reprochait une mauvaise voix, mais il aurait volontiers couché avec elle, pour l'améliorer !

— Ah...

Je sentais que vous aviez encore quelque chose à me dire...

— Quant à Chaulnes... ce fou... il avait épousé à dix-sept ans sa cousine qui en avait quatorze ! Or, on leur avait interdit pendant deux ans de tisser les liens du mariage ! Il s'était consolé ailleurs, un peu partout, mais tout cela lui avait tourné l'esprit !

— Chez... Ménard aussi ?

— Oui. Chez Ménard aussi. Il avait une fille d'elle...

— Je peux...

— Oui. Pardon... je vous ai interrompu.

J'ai lu la scène...

MLLE MÉNARD

Je n'en peux plus, je n'en peux plus. Je viens me blottir dans tes bras ! Il n'en est plus à nous soupçonner, il est convaincu que je suis ta maîtresse. Il en est mieux que convaincu : il le sait !

BEAUMARCHAIS

Mais... comment peut-il le savoir ?

MLLE MÉNARD

Oh ! Voyons... tu sais bien comment sont les gens ?

BEAUMARCHAIS

Quels gens ?

MLLE MÉNARD

...Les gens qu'on pousse à bout ! Il arrive un moment où ça éclate !

BEAUMARCHAIS

Mais de quels gens me parles-tu ?

MLLE MÉNARD

De moi ! Ça a éclaté !

BEAUMARCHAIS

Ah ! C'est toi qui le lui as dit ?

MLLE MÉNARD

Oui. Il fallait en finir ! Il a tout cassé chez moi... c'est bien simple. Et je l'ai laissé faire... pour que sa colère tombe... à telle enseigne que maintenant, s'il vient chez toi...

BEAUMARCHAIS

Ah ! Tu crois que...

MLLE MÉNARD

Certainement. Il sera du moins calmé...

Elle aperçoit quelques morceaux de blanc de poularde dans l'assiette de Beaumarchais qui s'apprêtait à dîner. Du bout de sa fourchette elle en prélève un morceau. Des coups violents sont alors frappés à la porte d'entrée ! Et le duc de Chaulnes se précipite sur Beaumarchais.

— Dites-moi mon petit Piat.

— Oui...

— Il a un don de double vue votre Guitry !

— Pourquoi ?

— Ça s'est passé exactement comme ça. Chaulnes est entré chez moi alors que, ayant tenu audience à la Varenne du Louvre où il était déjà venu m'importuner, je m'apprêtais à dîner... d'une poularde truffée. Ce qui est faux, c'est que Ménard n'était pas là !

Je vous ai fait observer, Pierre-Augustin, que sa présence permettait d'autres développements dans la scène, et j'ai continué ma lecture :

Beaumarchais arrache une épée à une panoplie.

LE DUC

Tu oses lever la main sur un duc et pair de France !

Le duc s'empare de l'épée que tenait Beaumarchais.

LE DUC

Misérable ! Tu vas mourir !

Aux cris qu'ils poussent tous les deux, ou plutôt tous les trois car Mademoiselle Ménard s'en mêle, accourent le valet, le chef, le maître d'hôtel et une autre servante. Ils s'appliquent à séparer les combattants. Au cours de la mêlée, l'épée dont s'était emparé le duc se brise. Le duc en brandit alors le pommeau et il porte un coup violent à Beaumarchais. Atteint au front, Beaumarchais a bientôt le visage inondé de sang. Son valet lui glisse à l'oreille : « On est allé chercher le commissaire. »

Le duc, suant et soufflant, prend une détermination soudaine et bien imprévue : il s'assied à la place de Beaumarchais à table et, s'étant saisi d'une cuisse de poularde, il la dévore à pleines dents.

LE DUC

Mes compliments à votre chef ! Cette volaille est délectable.

Mais apercevant au bord du plat le grand couteau à découper, le duc l'empoigne aussitôt :

LE DUC

Maintenant, quant à vous, je vais vous étriper comme on étripe un bœuf !

Et on a l'impression qu'il va vraiment le faire. Il est debout, terrifiant. Beaumarchais s'est armé d'un yatagan pris à la panoplie. Ils se poursuivent à présent tout autour de la table et Beaumarchais va être atteint, mais on entend un aboiement. Le duc pousse un cri :

LE DUC

Aïe !... Oh ! la sale bête !

Il vient d'être mordu au mollet par Mademoiselle Ménard.

A cet instant, la porte s'ouvre, entre le commissaire Chenu.

Il y a eu un long silence après ma lecture. Et vous m'avez dit avec une certaine gravité :

— C'est tout de même un peu léger. Votre Guitry

n'a retenu de cette scène horrible que son aspect ridicule. Il s'efforce de rire et d'en faire rire, comme vous le disiez tout à l'heure. Mais je peux vous affirmer sur l'honneur que Chaulnes voulait vraiment me tuer ! C'était un malade, doublé d'un fort méchant homme. Il battait cette pauvre petite Ménard, sous tous les prétextes. Elle était terrorisée. Et Chaulnes m'a poursuivi des jours et des jours pour, *je l'affirme encore*, me tuer ! Sans l'intervention de mes gens il aurait réussi. On ne le sent guère dans ce que vous m'avez lu. La seule chose qui soit vraie, dans votre Guitry, c'est que j'avais le visage en sang et que Chaulnes s'est soudainement attablé !

— Vous n'allez tout de même pas reprocher à un confrère auteur dramatique de prendre quelque liberté avec la réalité.

— Non ! Mais à cause de cette bataille lamentable, mon *Barbier* a été interdit alors qu'il était reçu chez vos ex-collègues de la Comédie-Française et prêt à être joué.

— Pourquoi interdit ?

— J'avais osé frapper un duc et pair de France. J'étais condamné, sans appel, deux mois à For-l'Evêque !

— Et Chaulnes ?

Là, vous avez éclaté de rire.

— En prison, lui aussi ! A Vincennes !

— Comment aviez-vous rencontré Ménard ?

— Par Chaulnes. Il m'a un soir invité à dîner, chez elle...

— Ah. Et alors... ?

— Et alors... et alors... nous avons... Euh...

— Ah...

— Oui !

— Tout de suite ?

— Presque... Nous avons loué en cachette un petit lieu charmant... avec jardin... près du Père-Lachaise... et... c'était très... très...

— A ce point-là ?

— Ah oui ! A ce point-là, oui. Malheureusement Chaulnes a tout appris. Nous avions été dénoncés.

— Par qui ?

Une sonnerie stupide a interrompu votre sourire et cette conversation ! Mon réveil venait de sonner ! Je me suis réveillé ! Hélas ! Je dis hélas tant j'étais curieux de savoir... Vous étiez encore si présent dans ma cervelle que je me suis précipité sur le premier livre venu parlant de vous. Je l'ai feuilleté. Et j'ai découvert avec stupeur que le duc de Chaulnes avait tout appris, contrairement à ce que raconte Guitry... par vous ! Oui, par vous ! J'ai vérifié dans un autre livre. C'était incontestable. Certes, vous aviez été dénoncés par d'autres, mais sans preuve. Vous vous étiez un peu éloignés, Mademoiselle Ménard et vous. Et les jours avaient passé. Vous avez alors écrit à Chaulnes une lettre ahurissante, l'incitant à vous unir d'amitié, vous, elle et lui ! Vous étiez persuadé, dans votre candeur naïve, que le temps était venu pour vous deux « de lui procurer à elle une vie douce et agréable ». Lui prouver en quelque sorte que « deux hommes qui aiment la même femme sont un peu parents » ! Chaulnes n'avait aucun sens de l'humour. D'ailleurs vous-même n'en faisiez pas dans cette lettre. Il s'est précipité chez vous avec – c'est vrai – la ferme intention de vous tuer !

Je peux bien vous l'avouer aujourd'hui, Pierre-Augustin. Je n'ai jamais aussi bien dormi qu'au cours de la nuit qui a suivi ce rêve. Tant je gardais le sentiment d'une bonne entente entre vous et moi. Certes, vous m'aviez admonesté en me traitant de petit con, mais finalement votre sourire, seul, me restait en mémoire. Ah ! que n'ai-je vécu au XVIIIe siècle ! A défaut d'y connaître sa douceur de vivre... j'aurais peut-être eu le bonheur de vous rencontrer, autrement qu'en rêve...

Sans doute m'aurait-il fallu vous caresser dans le sens du poil pour ne pas heurter votre sensibilité et vos humeurs. Mais à l'égard des humeurs, rien n'a changé entre créateurs et acteurs, si ce n'est que les metteurs en scène ont pris souvent la relève des auteurs dramatiques auprès de nous... pauvres acteurs.

10

Depuis quelques jours, Pierre-Augustin, je ne rêve plus ! Ou plutôt si ! Je rêve. Mais je suis retombé dans mon problème habituel ! Le matin, je ne me souviens plus de rien ! Alors que dans la journée vous n'arrêtez pas de me parler, la nuit... rien ! Le vide ! Comment communiquer ? En rêve, la nuit, nous pouvions dialoguer. En pensée, le jour, vous monologuez ! Je sais bien que c'est une vieille habitude chez vous, mais tout de même... ça me trouble. Avant-hier, par exemple, vous n'avez pas admis que je parle de vous comme d'un intermittent du spectacle. Le terme vous a choqué. Pourtant, j'en suis un moi-même ! Et cela ne me choque pas.

Selon vous, vous vous êtes occupé tout autant de théâtre que de politique ou d'affaires. Et ce matin, c'est la crise ! J'ai osé dire que vos *Mémoires* n'intéressaient plus personne. Vous me démontrez – et je suis contraint de vous croire – que vous leur devez, au contraire, au milieu de tous vos drames, cette soudaine et fulgurante popularité que vous connûtes à leur parution. Alors qu'à l'issue du procès... « outragé, calomnié, ruiné, vous vous faisiez honte et pitié », vous avez su remonter la pente à la vitesse « grand V » ! Furieux, vous me mettez sous le nez la preuve que le premier *Mémoire*, sorti en septembre 1773, fut épuisé en huit jours ! Réimprimé aussitôt ! Le deuxième paraît en novembre. Tiré à quatre mille exemplaires. On se les arrache ! Le troisième voit le jour en décembre. Le 15. On vous compare à Pascal et à ses *Provinciales* ! Alors la calomnie démarre. Preuve que « ça marche » ! : *vous n'en êtes pas l'auteur !* Rousseau, prénom Jean-Jacques, vient à votre secours : « Qui, alors, pourrait les avoir écrits ? interroge-t-il. On ne fait pas de tels *Mémoires* pour un autre. » Violant tous les secrets de l'instruction, ce troisième *Mémoire* inquiète les gouvernants et les juges ! Baste ! Il est encore mieux accueilli que les deux premiers. On murmure que le roi lui-même l'a apprécié et en a ri de bon cœur... sans que les ministres, bien entendu, soient au courant. Et vous me faites remarquer – c'est historique – que Louis XV a suggéré que vous – ou tout autre – en fassiez une comédie ! Vous voyez qu'il n'y a pas que moi qui vous y pousse. Vous ajoutez que Voltaire, « le dieu Voltaire », était également de l'avis du roi ! Alors, ma petite réflexion sur « Beaumarchais, un intermittent du spectacle », je peux me la jeter... aux orties ! D'autant que – et ça je l'ignorais – Madame du Barry a fait représenter à Versailles, en la présence royale, un petit montage de ce fameux troisième *Mémoire* ! Avec Préville, s'il vous plaît, le futur créateur du *Barbier*, dans le rôle principal. J'aurais pu le savoir, ça ! Moi, le successeur du créateur, deux siècles plus tard à la Comédie-Française ! Vous avez alors profité de la bonne humeur du roi, qui a daigné rire à certains passages, pour faire reprendre votre *Eugénie* à cette même Comédie-Française ! Et ça devient un succès ! Dans la salle on réclame même, à grands cris, *Le Barbier* qui, lui, reste interdit ! On vous porte en triomphe au soir de cette reprise. On admire votre courage, dans vos écrits. Aux yeux de la foule, vous devenez un symbole, « le sauveur de la patrie » !

Profitant de cette douce liberté, vous demandez à la Comédie-Française quelques semaines plus tard de reprendre les répétitions du *Barbier*, en catimini ! Mais pourquoi diantre y avoir ajouté ces répliques nouvelles, sorties tout droit des horreurs que vous venez de vivre ? La pièce est acceptée par la censure. Mais au soir de la première représentation... catastrophe ! « Des ordres supérieurs nous empêchent de donner la première représentation du *Barbier de Séville* ! » annonce la Comédie-Française. Outre que votre popularité augmentant vous agacez de plus en plus en « haut lieu » (c'est traditionnel), cette interdiction, c'est le résultat d'une « guéguerre » opposant soudain Madame du Barry et la dauphine de France, la future reine Marie-Antoinette. La « Dudu » n'a pas apprécié vos attitudes glorieuses auprès de l'opinion, plus quelques mots insolents à son égard. Mais surtout elle ne porte pas la Dauphine dans son cœur !... Une Marie-Antoinette intervenue discrètement pour faire jouer votre *Barbier* et qui interprétera elle-même Rosine un jour sur la scène du petit Trianon ! Coïncidence ? Dans la même nuit sort des imprimeries le quatrième *Mémoire* ! Vous l'avez enrichi de quelques becquets sur l'incident ! Dès le lendemain matin, on peut entendre dans les rues de Paris le cri des camelots : « Demandez le quatrième *Mémoire* de Monsieur de Beaumarchais ! Demandez le *Mémoire* ! » Six mille exemplaires en quarante-huit heures ! A vingt-quatre sols l'exemplaire ! Je reste sidéré. J'ai eu le sentiment en apprenant cela que vous me tiriez l'oreille pour me mettre le nez devant cette évidence.

— Jamais le théâtre ne m'aurait permis un tel triomphe ! Et si rapide ! Mes *Mémoires* ne dépassaient pas quarante à soixante-dix pages ! Tandis qu'une pièce ! Hein ? L'écrire encore... passe ! Mais la faire jouer ! Vous avez un secret, vous ? Moi pas ! D'autant que vos petits confrères ne nous ménageaient pas, nous les auteurs dramatiques ! Ils gardaient l'argent pour eux ! Vous le savez, ça ? « A vous la gloire, disaient-ils, à nous l'argent ! » Nous étions face à une dictature abominable : la vôtre, mon cher ! Celle des acteurs : « Vous voulez être joué ? Alors “pas de droit” », proclamiez-vous ! Voltaire et moi nous pouvions nous en accommoder. Mais les autres ? La plupart avaient peur ! Ils cédaient. Vous savez ce qu'écrivait Saurin ? Pas très célèbre, peut-être, mais il était tout de même de l'Académie française ! « Ce n'est point motif d'intérêt... je vous prie messieurs de regarder mon ouvrage comme vous appartenant. Je me borne simplement à souhaiter qu'il ne soit pas affiché de façon désavantageuse... » Vous pourriez l'écrire, ça ! Ça n'ennuierait pas vos lecteurs ! Si toutefois vous en avez... Est-ce que vous savez que, pour *Le Cid*, Corneille a reçu mille livres ! En tout et pour tout !

J'étais sans voix.

Vous avez poursuivi :

— Avec mes quatre *Mémoires* qui paraît-il n'intéressent plus personne que quelques lettrés, ma renommée s'est étendue à toute l'Europe. J'ai été lu en Prusse, en Allemagne. Goethe s'est emparé du quatrième où l'affaire Clavijo était évoquée dans les dernières pages, et il a écrit une pièce, en citant ses sources : *moi* ! J'ai tenté de vous dire que je l'avais écrit. Mais vous n'écoutiez rien. Vous avez continué : j'ai créé l'événement à Vienne – lu par le chancelier d'Autriche ! A Londres, c'est le Premier ministre d'Angleterre qui a pris la peine de remercier ceux qui lui avaient envoyé les trois premiers – dont Madame du Deffand – en leur écrivant :

« Cet homme est fort adroit, résonne juste, a beaucoup d'esprit ! Cette affaire doit faire grande sensation..., mais l'horreur m'a pris des procédés de justice chez vous ! » Vous voyez que, par ces *Mémoires* qui prétendument n'intéressent plus personne, des gens importants m'approuvaient, moi et ma critique de la justice française. Vous pouvez me dire quelle pièce m'aurait permis en si peu de temps d'être connu à Vienne, à Francfort, à Berlin ? D'être compris à Londres ? Et célébré à Paris !

Je n'osais pas vous interrompre tant votre véhémence et votre ardeur m'impressionnaient. Je n'osais pas vous rappeler que la cour de justice vous avait condamné à être blâmé, à cause précisément de ces *Mémoires* qu'on avait brûlés, le 26 février 1774 ! Cette date du 26 février m'avait frappé : c'était la date de naissance de mon père, en 1896. Hélas... cette révélation n'aurait eu aucun effet sédatif sur votre humeur, Pierre-Augustin. J'ai préféré la garder pour moi. On disait qu'à la suite de ce blâme qui vous ruinait et de la honte que vous en aviez éprouvée, vous aviez tenté de vous suicider ! Voilà qui ne vous ressemblait pas !

Dussane m'avait expliqué, au temps du Conservatoire, que votre don exceptionnel, Pierre-Augustin, c'était le pouvoir de rebondir, sans cesse ! « Pour le coup, je quittais le monde, écrit-il dans le monologue, et vingt brasses d'eau m'en allaient séparer ! » Mais la phrase qui suit immédiatement, c'est :

« Lorsqu'un dieu bienfaisant m'appelle à mon premier état ! je reprends ma trousse... et laissant la honte au milieu du chemin... je vais rasant de ville en ville et je vis enfin sans souci ! » Elle expliquait cela très bien, « ma » Dussane !

Pierre-Augustin, vous allez donner une preuve immédiate de ce don. Malgré, ou à cause de votre popularité, et en dépit des protections amicales qui allaient de Sartine aux princes de Conti, d'Orléans, de Ligne, et bien que, selon Voltaire, « Beaumarchais eût raison en tout », vous êtes condamné ! Vous accueillez cette condamnation, cette « mort civile » avec calme, semble-t-il. Mais quelques jours plus tard, vous apprenez qu'on va vous arrêter. Vous filez aussitôt. Pour Lille où il se pourrait bien qu'une femme vous rejoigne ! Le prince de Ligne se charge de vous faire embarquer à Ostende. Direction l'Angleterre. De Londres, vous écrivez au roi, sans tarder, pour lui dire votre « soumission volontaire ». Le respect que vous gardez de son autorité et de sa justice ! Vous y ajoutez « votre silence en terre étrangère » et le pseudonyme que vous lui confiez, à lui seul, et sous lequel vous entendez vivre désormais : Ronac ! Caron de Beaumarchais devient Ronac. On dit que le roi a souri en recevant cette lettre, estimant même que « les talents de négociateur de Monsieur de Ronac pouvaient être heureusement employés ». Sans le savoir, Pierre-Augustin, ou au contraire en étant parfaitement conscient du fait, une vie nouvelle va s'offrir à vous. Monsieur de Beaumarchais a rebondi...

J'en étais là de mes pensées quand je vous ai entendu me dire d'un ton très doux, infiniment attendri, comme si vous souhaitiez que je vous interroge à ce propos :

— Je dois à ce quatrième *Mémoire* la rencontre la plus importante de ma vie. Ça aussi... vous pouvez l'écrire...

Je savais de qui vous parliez. Cette rencontre, la plus importante de votre vie, c'était Marie-Thérèse de Willermaulaz. J'en avais lu le détail dans une des biographies dont je disposais. Je me suis précipité sur le *Beaumarchais* de Guitry pour voir ce que Sacha en disait lui aussi. J'aime bien Sacha. Je venais d'être mis à rude épreuve. J'avais besoin d'un peu de légèreté...

Elle n'est pas seulement jolie et jeune, écrit Sacha en la présentant, elle est altière cette femme, et distinguée. Elle sourit à Beaumarchais et lui déclare :

MARIE-THÉRÈSE DE WILLERMAULAZ

J'aimerais savoir jouer de la harpe. Ne voudriez-vous pas me donner des leçons...

(Elle ajoute aussitôt :) Si j'avais votre esprit, j'aurais trouvé sans doute un prétexte meilleur.

(Elle avoue :) J'ai passé ma journée au Palais de Justice... et j'aimerais passer ma nuit auprès de vous...

Les deux premières répliques correspondaient tout à fait à la vérité historique. La description de Marie-Thérèse était exacte. Elle avait un très joli regard et une distinction naturelle. Quant à la troisième réplique… ça ! Marie-Thérèse avait lu avec passion les *Mémoires*, c'est vrai. Elle avait alors souhaité rencontrer Pierre-Augustin : la harpe avait été le prétexte employé : vrai aussi. Mais la troisième réplique, elle, appartenait entièrement à Sacha ! Née par hasard à… Lille, Marie-Thérèse était devenue orpheline à six ans. Elle s'était retrouvée en Suisse, élevée par une famille très catholique de Fribourg. D'un caractère fort enjoué et rieur, intelligente et subtile – « je ne me mets en avant que pour les gens que j'aime » –, elle devenait, de son propre aveu, « un ours mal léché pour les rencontres de fraîche date ». A vingt-deux ans, Marie-Thérèse était grâce, charme, esprit. La nature lui avait donné une force, un humour et une philosophie que le temps devait lui permettre de démontrer. Sacha avait choisi cette solution. J'ai continué ma lecture.

MARIE-THÉRÈSE DE WILLERMAULAZ

Je me suis dit : « Ce soir, il faut qu'il ait tout. Et comme je n'ai pas une amie qui me vaille, je suis venue moi-même… Vous devez bien penser que pour agir ainsi, il faut que je sois quelqu'un de bien. Sans quoi je serais quelqu'un de tellement mal...

(Et d'ailleurs elle se présente :) Marie-Thérèse de Willermaulaz, dont le rêve serait de faire votre bonheur. Si vous avez encore des combats à livrer, des heures sombres à vivre, vous aurez là mon cœur – et ce que j'ai d'intelligence –, il n'y a pas que vous qui soyez courageux, vous savez...

Sacha pensait-il uniquement à Marie-Thérèse de Willermaulaz en écrivant cette scène ? Elle semble diablement inspirée par la rencontre qu'il fit avec Lana Marconi en 1945, après ses soixante jours de prison et la disgrâce suivant l'Occupation.

MARIE-THÉRÈSE DE WILLERMAULAZ

Vous avez retourné l'opinion publique en nous montrant ce que pourrait être un jour la liberté, vous méritez qu'on vous adore. C'était sublime... Et sans cesser pourtant d'être spirituel. Pour évincer le Parlement ancien il avait fallu Louis XV... quinze louis ont suffi pour sabrer le nouveau.

Bien entendu, Sacha n'avait pas laissé traîner cette sentence populaire. Estimant à juste titre que « citer les pensées des autres, c'est regretter souvent de ne pas les avoir eues soi-même, et c'est un peu en prendre la responsabilité... », il s'en servait. Nous avions donc, Sacha et moi, les mêmes lectures. Pour moi, c'était très flatteur...

MARIE-THÉRÈSE DE WILLERMAULAZ

Vous voulez bien de moi ?

Et Beaumarchais de répondre :

BEAUMARCHAIS

Et je n'en veux plus d'autre...

(Il lui tend les mains.) C'est la troisième fois que l'on me demande en mariage...

MARIE-THÉRÈSE DE WILLERMAULAZ

Mais... ce n'est pas cela que je vous demande. On prétend que vous avez tué vos deux premières femmes. Et... « jamais deux sans trois », dit-on. Alors, épargnez-moi, soyez bon, généreux, et... ne m'épousez pas.

BEAUMARCHAIS

Alors, vous voulez donc que ce soit pour la vie.

(Il l'étreint. Leurs bouches se rencontrent.)

Après tout, cela s'est peut-être passé de cette façon-là, Pierre-Augustin.

Devenu orthodoxe, Sacha épouse Lana. Demeuré catholique, vous épousez Marie-Thérèse. Mais...

douze ans plus tard ! Vous aviez tant à faire et Marie-Thérèse, elle, était peu soucieuse de religion...

En somme, pour Sacha comme pour vous, ce fut « pour la vie ».

11

Pierre-Augustin, je tiens pour certain qu'à force de fréquenter les êtres on devient par trop familier avec eux. Malgré moi, je perds souvent de vue la différence de classe sociale qui nous sépare. Votre récente colère en est une preuve.

Est-ce parce que vous m'avez tenu sur les fonts baptismaux dans mon petit costume de barbier que je me laisse aller ainsi ? Peut-être. Je crois, Pierre-Augustin... oui, je crois que vous me *guidez* ! Alors permettez-moi de prendre votre colère comme une marque d'intérêt. L'indifférence m'affligerait bien davantage. Voyez-vous, ce qui frappe le plus le petit Français moyen que je suis, c'est votre passion ! Votre bouillonnement, cette prodigieuse capacité de vie, en vous. Votre gourmandise de tout. « Amoureux par folles bouffées », écrivez-vous. C'est vrai. Une colonie de femmes, dont la dernière est là pour en témoigner. Mais au-delà de cet appétit particulier, quelle santé !

A Londres où l'infortune vous a conduit, une

occasion s'offre à vous de retrouver la confiance royale : l'espionnage ! Vous y plongez avec délice. Sans la moindre hésitation. « On ne me donnait aucun ordre de la part du roi, écrivez-vous. C'était un simple avis. Mais on m'en avait dit assez... pour m'enflammer. »

Des libelles circulent sur les scandales qui entourent la cour de France ? L'Angleterre, paradis des libelles, où la presse est libre, les laisse circuler ? Elle protège même leurs auteurs ! La France, vieille ennemie héréditaire, s'inquiète de cette libre circulation qui salit la comtesse du Barry ? La police révèle que Louis XV même n'est pas épargné ? vous devenez « agent secret » ! Oh... pas tout de suite de première catégorie – n'est pas 007 qui veut – mais tout de même ! Pour un « amateur », ex-horloger, musicien, écrivain, homme d'affaires et auteur dramatique, vous ne vous débrouillez pas trop mal. Et quelle marque d'éclectisme ! Vous réussissez un premier coup. Un certain chevalier Théveneau de Morande, jeune crapule ex-condamné de droit commun, vit principalement de la rédaction et de l'exploitation de ces libelles : « Essai sur les aventures de Madame la comtesse " D.B " depuis son berceau jusqu'au lit d'honneur ». On n'est pas plus clair ! Ou bien « Mémoires secrets d'une femme publique », ou encore « Le gazetier cuirassé » qui, trois ans auparavant, a déjà apeuré Versailles. Morande cherche à monnayer ses petites veuleries.

La France a envoyé sur place un « commando policier » pour le kidnapper ! Mais Morande est malin. Le commando échoue lamentablement. L'expédition bâclée provoque un scandale dans la presse anglaise. C'est alors que, à peine installé à Londres, vous allez vous occuper de réparer les dégâts. Ronac entre en scène ! Trois mille exemplaires de ces révélations ordurières sont prêts à être imprimés et distribués en Hollande ou en Allemagne pour terminer leur course dans certaines arrière-boutiques de libraires parisiens ! Vous rencontrez Morande. Les négociations commencent. Elles sont âpres. Morande est « très cher ». Il se méfie. Ce n'est pas un enfant de chœur. Vous non plus, Pierre-Augustin ! Le temps passe... Vous parvenez par des complicités à vous procurer un exemplaire des ces infamies à l'insu de Morande ! Vous partez aussitôt pour Versailles. En secret ! Vous rencontrez le duc d'Aiguillon, ministre des Affaires étrangères du roi, et le roi lui-même. On veut connaître les noms de ceux qui vous ont permis de vous procurer l'exemplaire, le nom de vos « indics ». Vous vous taisez. Malgré les pressions du duc furieux de votre discrétion et celle de Louis XV, plus compréhensif, vous ne révélez ni vos sources, ni les noms. Un vrai « pro » ! Guidé par l'instinct... comme les acteurs. Vous regagnez Londres illico mais vous avez marqué des points à Versailles. La France a ses réseaux à Londres. L'un de ses membres vous y voit débarquer avec condescendance et une certaine ironie. Il est en place depuis longtemps. Il connaît Morande. Ils sont tous deux « de joyeux enfants de la Bourgogne » et « fiers d'être bourguignons ». L'un est né à Arnay-le-duc. L'autre, né à Tonnerre, est une star ! Il s'appelle Charles... *Geneviève*, de Beaumont. Plus connu des cruciverbistes sous le nom de chevalier d'Eon.

*

Puisque les aventures avec un grand « A » vous contraignent mais vous amusent bien davantage que celles, plus modestes, du théâtre... Pierre-Augustin, vous allez être gâté ! Carrefour de toutes les activités subversives, dirigées contre la monarchie française, et de bien d'autres petites distractions du même genre, Londres est au XVIIIe siècle le lieu où gravitent les plumitifs de tout poil, de toutes nationalités qui dénoncent, calomnient, espionnent tout ce qui – à leurs yeux – offre intérêt à l'être. Vous vous êtes déjà fait les dents avec Théveneau de Morande, Pierre-Augustin, vous allez bientôt découvrir d'autres spécimens tout aussi redoutables.

Louis XV est mort. Vive Louis XVI. Mais rien de nouveau sous le soleil : on change simplement « de personnel dans les commissariats ». A Londres pas plus qu'à Paris, rien ne se perd, tout se transforme. Ainsi par exemple, utilisé par Sartine et sous le nom de baron de Thurne, votre petit copain le juge Goëzman va devenir « indic » à Londres. Blâmé comme vous, il sera heureux de se charger de certaines besognes de basse police. Pour vous, Pierre-Augustin, il s'agit toujours d'être réhabilité. Pour lui, de gagner sa vie ! Le Bien-Aimé n'est plus. Louis XVI ne vous tient pas en haute estime. Par bonheur, la reine vous est plus favorable. Dans la capitale anglaise, des horreurs circulent sur le nouveau couple royal. Après la du Barry, voici Marie-Antoinette. Imprimé à Londres et à Amsterdam, un pamphlet, « Avis à la branche espagnole sur ses prétentions à la couronne de France », avertit les éventuels prétendants espagnols que Louis XVI est impuissant... et Marie-Antoinette infidèle ! Pas moins ! Donc, si héritier il y a, qui en serait alors le père ? Un certain Angelucci est chargé de la diffusion de ce petit poulet à travers l'Europe ! Beaumarchais vous êtes et Ronac devenu, vous entrez en jeu. Mission vous est confiée par Sartine de chercher et de trouver Angelucci ! Vous le trouvez ! Mêmes négociations qu'avec Morande. C'est plus cher, beaucoup plus cher ! Et c'est long, beaucoup plus long. Mais vous réussissez. Quatre mille exemplaires sont brûlés à Londres. Reste la Hollande. Vous vous embarquez pour Amsterdam et, malgré le mal de mer, à qui vous rendez l'âme, vous y parvenez. A Amsterdam comme à Londres, on brûle ! Ouf ! C'est fait. Hélas... Ronac devenu vous restez

Beaumarchais. Et Beaumarchais a toujours connu quelques petits problèmes au cours de ses missions. Que ce soit avec les rois, les esclaves, la Louisiane ou les malfrats. Par des complices vous apprenez qu'Angelucci, l'ignoble, n'a pas tout brûlé à Londres. Des exemplaires existent encore que ce malfaisant cherche à vendre en Allemagne ou en Autriche puisque la reine mère Marie-Thérèse est tout de même concernée. Fou de rage, vous écrivez à Sartine : « Je ne sais pas l'allemand, mais je pars ! Et si je trouve Angelucci... je le tue ! » Et hop ! A cheval ! Ou plutôt, en berline. Direction Düsseldorf, Cologne, Mayence, Francfort et Nuremberg ! Vous mettez votre ardeur, votre orgueil et votre gloire, écrivez-vous, « à vous tirer à vous seul d'une besogne capable de dégoûter vingt plénipotentiaires ».

A une vingtaine de kilomètres de Nuremberg, vous croyez apercevoir, de votre berline, le dénommé Angelucci. Il chemine tranquillement à cheval. Vous sautez de la berline ! L'homme sursaute en vous apercevant. Il s'élance à travers les bois. A pied ! Vous le poursuivez en courant, pistolet au poing ! Chanceux, vous le rattrapez.

— A pied ?

— Oui. A pied. L'homme et le cheval se sont pris les leurs, si j'ose dire, dans les branches basses des arbres ! Vous sautez sur lui.

Vous trouvez sur cet Angelucci de malheur quelques exemplaires du libelle échappés au feu de

Londres. Vous les lui arrachez ! Vous allez le tuer ! Mais il se met à genoux et vous supplie : « Non ! pas ça ! pas ça ! » Pris de pitié vous l'épargnez. Fatale erreur ! Pendant le « pas ça, pas ça » qui vous a distrait, vous n'avez pas vu les complices d'Angelucci. C'était un piège. Vous êtes tombé dedans, à pieds joints. Vous faites face, héroïque ! Vous êtes prêt à abattre le premier qui s'exposera au feu de votre pistolet ! L'un d'eux bondit. Vous tirez. Hélas... le coup ne part pas. Toujours la scoumoune, Monsieur de Beaumarchais ! D'un autre coup (de crosse) vous découragez l'assaillant. Un autre s'élance un énorme couteau au poing ! D'un coup de canne vous l'écartez. Mais la lame s'abat sur vous ! Miracle ! Elle heurte votre tabatière d'or. On a beau dire, de nos jours, que le tabac tue lentement, là, il vous sauve ! Vous attrapez la lame ! Malheureusement par la main ! Elle vous blesse à la main, la lame. Qu'importe ! Le service du roi avant tout ! Le spadassin à genoux vous supplie, lui aussi, de l'épargner. Vous cédez à sa supplique. A l'instant où vous allez lui lier les mains de votre ceinture, surgissent alors cinq autres complices ! Cette fois, c'en est trop ! Vous êtes perdu. Mais non. Les miracles ont lieu deux fois ! Votre postillon et votre laquais arrivent enfin à votre secours. Leur air farouche, leur détermination et leurs armes dissuadent les spadassins qui, enfin, prennent la fuite. Sanglant, crotté, dépenaillé vous parvenez à Nuremberg, accueilli à l'auberge du « Coq rouge ». Le lendemain, c'est la fête de la Vierge, sans doute votre ascendant, Pierre-Augustin, d'où le miracle ! Balafres sur le front et entailles sur les joues, vous racontez au bourgmestre de Nuremberg votre odyssée de la forêt de Neustadt en tout point digne des mésaventures de Lagardère dans les fossés de Caylus ! (Je le sais : j'y étais.) Vous le persuadez. Et de relais en relais, votre voiture sur un bateau, vous parvenez à Vienne. On ne résiste pas plus à la dialectique de Ronac qu'à celle de Beaumarchais. Vous êtes reçu à Schönbrunn, auprès de Sa Majesté l'impératrice Marie-Thérèse d'Autriche !

Vous lui remettez le pamphlet. Elle y lit, atterrée, les horreurs qu'il contient. Peut-être les utilisera-t-on vingt années plus tard pour condamner la reine de France. « *Souvenez-vous de quelle mère elle est fille... La continence, on le sait, n'est pas la première vertu des femmes de la maison d'Autriche... Il paraît bien à la conduite de la reine qu'elle ne marche pas en aveugle et qu'elle a un plan arrangé... Si Louis XVI ne remédie promptement à cette foule de maux..., s'il ne punit pas tant de crimes, lui qui n'en est pas l'auteur pourrait bien finir par être un jour la victime... Faites tourner, jeune roi, l'indifférence où cette heureuse infirmité vous tient à l'égard des femmes au profit des affaires... Croyez-en un ami de votre gloire... en un mot un vrai Français...* »

L'impératrice et le comte Seilern, ancien ambassadeur d'Autriche à Londres, qui assiste à l'entretien, restent un instant silencieux, affectés l'un et l'autre que de telles ignominies puissent être répandues, en France, sur la reine Marie-Antoinette.

— Pourquoi malgré ces traverses et ces pièges vous montrez-vous aussi soucieux de l'honneur de ma fille ? demande l'impératrice.

Réponse (authentique) :

— Plus l'entreprise est difficile, Majesté, plus je me sens enflammé pour sa réussite.

C'est une très belle réponse. Si belle que vous allez vous en resservir bientôt – l'art d'utiliser les restes – dans *Le Barbier de Séville :* « *La difficulté de réussir ne fait qu'ajouter à la nécessité d'entreprendre* », dit Figaro à Almaviva (Acte I, scène VI). Malgré le temps qu'elle a accordé à l'entretien, Marie-Thérèse semble rester sur une prudente réserve... que partage d'ailleurs le comte Seilern. Que le libelle existe, ils en ont tous deux la preuve. C'est vous, le chevalier de Ronac, qui les troublez. Soyons clairs, Pierre-Augustin : comme dans vos préfaces, vous avez été trop long ! Vous auriez dû couper dans votre texte. L'auteur dramatique a pris le pas sur l'homme qui déjà « en fait », selon son habitude, beaucoup trop. L'acteur Ronac, lui, a été pire. Il a joué mélo ! On n'a pas cru à votre odyssée. L'impératrice, en dépit de l'ordre signé de la main même de Louis XVI, vous prend pour un imposteur, un aventurier. Résultat des courses (dans la forêt de

Neustadt) vous êtes arrêté dès le lendemain sur l'ordre de Seilern ! Toujours la scoumoune, Pierre-Augustin. En taule, Ronac ! La raison ? Vous pourriez parler ! Donc, au secret. Vous protestez ! Vous hurlez ! Et vous réussissez... à obtenir l'autorisation d'écrire ! Vous écrivez. A Sartine. Huit jours se passent. Pas de réponse. Quinze jours : toujours pas de réponse. Un mois : rien. Vous écrivez toujours et encore. A Sartine, au roi lui-même ! Enfin, le 23 septembre 1774, une des meilleures dates du calendrier, puisque c'est celle de ma naissance cent cinquante ans plus tard, vous êtes libéré, à midi ! (Moi, c'était à cinq heures du matin.) Le soir même, dégoûté, humilié, même pas rasé, vous quittez Vienne ! Neuf jours plus tard, c'est Paris. Une surprise vous y attend. Sartine vous révèle que, selon les déclarations de l'aubergiste du « Coq rouge » vos fameuses blessures n'ont pas tenu la route ! Vous avez été pris en flagrant délit de mensonge par un cocher : « *Le voyageur a dû se faire lui-même ses blessures à l'aide d'un rasoir qu'il a pris avec lui chemin faisant... Et ce qu'il avait au cou, une estafilade ou une égratignure, ne saignait pas beaucoup* », dit le rapport du cocher. Même avec votre mouchoir ensanglanté par-dessus, Pierre-Augustin, vous n'avez pas été crédible.

Voyez-vous, Pierre-Augustin, parmi toutes vos activités, il en est une qui vous aura manqué – peut-être par dédain d'ailleurs –, celle d'être acteur. Nous savons, nous, que pour être crus, il faut jouer juste. Etre attentifs au moindre détail de ce mensonge organisé qu'est « jouer la comédie » : costumes, accessoires, maquillage même, pour faire « vrai ». Pourquoi cette mise en scène, Pierre-Augustin ? Pour enrichir votre rôle ? Illustrer votre action ? Vous aviez à ce point besoin de vous valoriser ? Ça pourrait passer pour une réaction de cabot, ça ! Nous le sommes tous un peu d'ailleurs, c'est vrai. Pour se donner l'illusion d'une importance que la vie professionnelle nous refuse, certains d'entre nous ont trouvé ce moyen, parfois pathétique. C'est si humiliant l'anonymat, si difficile à vivre pour un acteur ! Même au sein de sa famille, de ses amis. Mais vous, Pierre-Augustin ? Une star ! Une vedette adulée des foules depuis la publication de vos quatre *Mémoires* ! Vous sentiez-vous humilié d'exercer ces opérations policières ? Vous était-il si nécessaire de paraître héroïque ? C'est un emploi particulier, les « héros », Pierre-Augustin ! Vous en avez le physique certes, mais ce rayonnement était inutile pour un agent secret qui se doit de passer inaperçu. Votre passion de la mise en scène vous a trahi, Pierre-Augustin. Et il y a une raison à cela. Se mettre en scène quand on joue le rôle principal est une opération particulièrement délicate et risquée. Tous les acteurs vous le diront. Etre à la fois sujet et objet exige une vigilance de tous les instants, envers soi et envers les autres. Ce ne fut pas votre cas.

Après votre folle équipée de la forêt de Neustadt, bien des détails vous ont échappé. Ils vont compromettre, une fois encore, votre crédit. Oh ! certes, vous n'êtes pas totalement condamnable et vous avez droit à l'indulgence du jury. On a peine à imaginer, de nos jours, le drame qu'était pour vous le blâme qui vous accablait en ce dernier quart du XVIIIe siècle. Condamnation sociale, morale, politique, le blâme vous privait de vos droits, et vous attendiez de vos missions une réhabilitation qui vous obsédait. Ni récompense, ni grâce mais la justice ! Vous aviez besoin « de faire un triomphe », comme on dit dans notre jargon, pour remonter la pente. Or, c'est le contraire qui se produit. On vous accuse d'être l'auteur du pamphlet, de ce torchecul ! « La calomnie, monsieur, vous ne savez guère ce que vous dédaignez... » C'est aberrant et faux, bien entendu. La scoumoune, Pierre-Augustin ! Toujours la scoumoune. De quoi vous dégoûter du métier d'espion ! Comment peut-on réagir alors quand on s'appelle Beaumarchais ? Vous trouvez aussitôt. Du théâtre ! Du vrai ! C'est le remède idéal. Vous retrouvez le bonheur artisanal de ce travail de fourmi que sont les répétitions d'une pièce. La voilà qui arrive, la création du *Barbier* à la Comédie-Française, dont le symbole reste la ruche bourdonnante, abri où vit une reine et où s'affairent les abeilles ouvrières. Oh ! cela n'ira pas sans difficulté : rien n'est jamais simple avec vous,

Pierre-Augustin. Mais vous distribuez la pièce. Vous la revisitez. Alors... oubliée pour l'instant la fonction d'agent secret ! Oublié ce libelle qui attend « *de l'infirmité d'un roi la liberté, l'abondance, la diminution des impôts qui écrasent les peuples...* » (voir à ce propos les Républiques du XXIe siècle), qui mélange « *le despotisme du clergé au respect de la religion* », qui oppose « *l'indécence des mœurs à la sévérité de la justice* »... oublié tout cela qui relève de la grande illusion ! Place au théâtre ! Depuis le temps que *Le Sacristain*, votre première mouture, attend sa renaissance dans vos archives ! Depuis le temps que *Le Barbier*, accueilli en lecture – à la joie du comité unanime en janvier 1773 –, autorisé par la censure en février 1774... annoncé en « première » le 12, pour être interdit le 10 de ce même mois et de cette même année pour cause d'emprisonnement... votre pauvre *Barbier* est enfin autorisé le 31 janvier 1775 ! Annoncé en « première » le 23 février comme *Le Barbier de Séville, comédie en cinq actes de Monsieur de Beaumarchais*, il est devenu trois jours plus tard : *Le Barbier de Séville, comédie en quatre actes de Monsieur de Beaumarchais* ! Vous avez réussi, Pierre-Augustin, à supprimer en trois jours le quatrième acte pour mettre le cinquième à la place. Coupé çà et là, ce *Barbier* revigoré obtient un triomphe extraordinaire le 26 février 1775 ! Très bonne date : j'ai réussi, moi, mes débuts officiels, ce même 26 février, mais cent soixante-treize ans plus tard ! Vive Beaumarchais !

Une anecdote en passant...

Une pétition des barbiers de Paris dénonce la concurrence déloyale de ce barbier venu de Séville pour leur voler le travail et « l'utile revenu du rasoir » en des termes sans équivoque, à la limite du racisme ! « Que deviendrions-nous... si cet étranger avait le privilège exclusif, comme il le prétend, de faire le poil à tout le monde ? Par sainte Barbe ! On le trouve si drôle et il fait tant rire qu'il nous enlève toute notre pratique ! Nous avons contre lui... une bonne consultation de nos avocats. »

Vous savez qui a rédigé cette pétition, Pierre-Augustin ? Non ? Mais si, voyons ! De nos jours, tout spectacle a besoin d'être signalé dans les médias par un attaché de presse aux idées neuves, exceptionnelles. Quelle carrière vous feriez dans ce domaine-là aussi ! Car l'auteur de ce communiqué qui circule partout dans Paris, c'est vous, Pierre-Augustin ! Et vous ne l'ignorez pas. Hein ? Quel talent...

Votre *Barbier* n'avait pas besoin de ça pour devenir immortel. Mais chacun sait que la création exige tous les soins du créateur... y compris ceux de l'accoucheur et de la sage-femme, pour le premier cri. Ce sont des rôles généralement tenus par le metteur en scène et l'attaché de presse. Mais n'est-on jamais mieux servi que par soi-même ?

Avec ce triomphe du *Barbier*, l'éloquence de Figaro, vous avez retrouvé le moral, Pierre-Augustin. Le tiers état est en marche. Mais personne ne le sait encore en 1775. Vous pouvez repartir pour Londres. Vous êtes à nouveau « prêt à servir Votre Excellence en tout ce qui Lui plaira de m'ordonner », comme le dit Figaro au comte Almaviva. Quelle est donc cette Excellence ? Le roi Louis XVI ? Ou vous-même ? « Faire à la fois le bien public et particulier », ce chef-d'œuvre de morale, en vérité, sera toujours votre souci premier, Pierre-Augustin. Le roi a besoin de vous. Vous avez besoin du roi. Un mois plus tard donc, vous êtes à Londres. Votre mission ? Retrouver des papiers compromettants pour la monarchie française. Qui les détient ? Charles-*Geneviève*, Louis, Auguste, André, Timothée (ouf !) de Beaumont, chevalier d'Eon. Vous rencontrez Charles-*Geneviève*.

Les affaires reprennent...

12

— Parlez-vous anglais, Monsieur de Ronac ?

— Mon cher, ne m'appelez plus Ronac, je suis redevenu Beaumarchais.

— Pardon... Alors, parlez-vous anglais, Monsieur de Beaumarchais ?

— Pas *fluently*. Mais j'y travaille. Et je progresse...

Heureux homme ! Au XVIIIe siècle, Londres parle français en de nombreux cercles et dans bien des milieux. C'est un souci de moins. Autre question que Londres se pose volontiers en ces certains milieux : le chevalier d'Eon est-il homme ou femme ?

Les Anglais adorent les paris. Londres parie donc beaucoup sur le sexe de Charles-*Geneviève* quand vous y arrivez en avril 1775, tout auréolé du triomphe de votre *Barbier*. On dit que, pour faire monter les enchères, le chevalier – ou la chevalière – entretient le doute sur sa véritable appartenance. On va plus loin encore : on affirme qu'il prend un pourcentage sur l'augmentation du chiffre d'affaires, ainsi réalisé, dans les ruelles de Soho ! A quarante-sept ans, sa chevelure blonde retombant toujours en boucles souples sur ses épaules, Eon a quelque peu pâti du poids des ans. Mais il reste un redoutable bretteur qui pourfend quiconque ironise sur ce point particulier de ses exigences. Pourtant, menant grand train, il – ou elle – a besoin d'argent. Vous ne l'ignorez pas, Pierre-Augustin. On n'a pas encore écrit l'histoire du Docteur Jekill et de Mister Hyde, mais celle de Mister Sterling et de Miss Guinée, du nom des monnaies anglaises, circule à son propos dans les magazines people de Londres ou le *Morning Post* du samedi !

Il faut bien reconnaître, Pierre-Augustin, que de nos jours on comprendrait mieux la situation finalement pathétique de cet homme-femme, capitaine de dragons le jour, efféminé de goût et d'allure le soir (ou inversement !), pourtant viril dans ses exigences, ses aspirations, et qui a combattu avec vaillance pendant la guerre de Sept Ans !

En notre siècle, « travellos » et « homos » ont acquis leur rang dans l'ordre social. La plupart des biographes contestant d'ailleurs – on peut se demander pourquoi – que le chevalier ait pu appartenir à l'une ou l'autre de ces familles. Dans « les milieux artistes », nous savons bien, Pierre-Augustin, qu'on dirait de Charles-*Geneviève* qu'elle est une « folle tordue », et nul ne s'en offusquerait. Vous avez constaté, comme moi, que, fols ou non, le courage physique, moral, le dédain du danger animent tout aussi bien ceux dont l'insouciante légèreté faisait dire à Jean Cocteau : « Les miroirs feraient bien de réfléchir un peu plus avant de renvoyer des images. » Cocteau, vous ne le connaissez sans doute pas plus que Guitry, mais peu importe. Rien n'empêche de penser que, chevalier ou chevalière, Eon ne s'amusait pas comme un petit fou de ces mystères et de cette mystification que sa fonction d'agent secret le contraignait à entretenir, à Londres. Rien n'interdit non plus de croire que les rapports professionnels qui furent les vôtres ont pu provoquer curiosité et émois d'une et d'autre part. A quarante-trois ans, vous restez infiniment séduisant, Pierre-Augustin. Serait-il si extraordinaire que Charles-*Geneviève* ait pu confondre les deux sentiments ? Louis XV est mort. Eon cherche à monnayer les documents qu'il détient en s'accrochant – il l'avoue plus tard – à la barque de Caron ! Louis XVI est vivant, Caron – de Beaumarchais – a pour mission, moyennant finances, de ramener lesdits papiers compromettants de Louis XV, admiré et adulé par son Louis XVI de petit-fils. Et pour cela, vous employez les grands moyens, Pierre-Augustin ! Vous laissant même aller, après un dîner arrosé, à dire que vous épouseriez volontiers Mademoiselle d'Eon !!! Et auparavant, dans une lettre adressée au roi Louis XVI, l'aveu de votre attendrissement est infiniment plus sérieux encore : « *Quand on pense que cette créature tant persécutée est d'un sexe à qui l'on pardonne tout, le cœur s'émeut d'une douce compassion.* » Curieux, non ? Eon ne s'habillait tout de même pas en dame, alors qu'il était homme, uniquement parce que son métier l'y poussait. Il avait passé l'âge de ces déguisements de théâtre entre petits camarades ! Il jouait si juste que vous vous êtes laissé prendre, Pierre-Augustin, vous ne pouvez pas le nier. Plus d'un d'ailleurs y aurait été pris, tout comme vous. Comment ne le serait-on pas quand on reçoit des lettres exquises de « sa petite dragonne » qui vous appelle « son libérateur », qui vous avoue : « Vous êtes fait pour être aimé » ; ou qui va plus loin : « Je ne croyais encore qu'admirer vos talents... je vous aimais sans doute déjà... ». Vous recevez d'elle – ou de lui – de ravissants cadeaux ! Une Vierge miniature d'après le Corrège. Une Vénus (prometteuse !) d'après le Carrache. Qu'il – ou qu'elle – soit admirateur – ou trice – de votre talent, je le comprends parfaitement, Pierre-Augustin, mais Eon ne cherchait tout de même pas à se faire engager pour jouer Rosine ! Le bruit va venir de Londres jusqu'à Paris que « Monsieur Caron de Beaumarchais épouse Mademoiselle d'Eon de Beaumont » ! Alors ? Où est le feu ? Où est la fumée ?

Avant d'aller plus loin, permettez-moi, Pierre-Augustin, de vous lire – puisque j'ai évoqué à nouveau sa mémoire – le récit de votre première rencontre avec Mademoiselle d'Eon de Beaumont, selon Sacha Guitry.

— Encore Guitry !
— Pourquoi pas ?
— Pourquoi lui ?
— Ben...
— Bon ! Allez-y.
— C'est vêtu de son uniforme de capitaine de dragons qu'à votre grand étonnement, Pierre-Augustin, Eon vous reçoit chez lui.

EON
Je suis votre humble serviteur.

BEAUMARCHAIS *(un temps)*
Monsieur le chevalier, je suis votre valet.

Et ils n'ont l'air ni l'un ni l'autre de domestiques, indique Sacha qui ne résiste pas à marquer cette première rencontre de son humour.

EON
Posez-moi la question qui vous brûle les lèvres...

BEAUMARCHAIS
Etes-vous femme ?

EON
Qu'en pensez-vous ?

BEAUMARCHAIS
Hum...

EON

Homme ?

BEAUMARCHAIS

Non. J'ai fait : hum !

Les deux hommes se regardent, tels deux chats de race qui se défient devant une proie ou une jatte de lait, ou plus exacement tels que le chevalier d'Eon l'évoque dans ses écrits : « Nous nous vîmes tous deux conduits par une curiosité naturelle aux animaux extraordinaires. »

EON

La conviction la plus absolue...

BEAUMARCHAIS

Ne vaut pas une petite preuve.

EON

J'en suis certaine !

BEAUMARCHAIS

... ?

EON

Disait ma mère...

— On dit, Pierre-Augustin... mais l'histoire et les « on dit » ne sont pas toujours une vérité d'Evangile ! Néanmoins, on dit que le chevalier – ou la chevalière – aurait été jusqu'à guider votre main – à vrai dire experte, vers l'objet secret du désir afin de le – ou la – mieux connaître !

— Allons, allons, voyons...

— On ajoute même que « l'auteur du *Barbier de Séville* aurait pu, alors, parier un million de livres sterling qu'Eon était une femme » ! Sacha n'ignorait pas ce détail. Il n'ignorait pas non plus – preuve faite ou non – que le capitaine de dragons avait été reçu à la cour impériale de Russie, auprès de l'impératrice Thérèse, en qualité... de lectrice !

BEAUMARCHAIS

La tsarine vous recevait ?

EON

La nuit de préférence.

BEAUMARCHAIS *(après un rapide coup d'œil sur l'uniforme de dragon)*

En qualité de lecteur ?

EON

Heu... Non... de lectrice.

BEAUMARCHAIS

Avait-elle deviné que...

EON

Elle a fait semblant de ne s'apercevoir de rien. Elle était...

BEAUMARCHAIS

Très artiste.

EON

Voilà...

— L'audace a commencé à vous réunir, Pierre-Augustin. Le thé a été servi, puisque nous sommes à Londres. A votre question « quel pourcentage touchez-vous sur les paris ? » Eon vous a proposé de faire l'affaire avec vous *half and half*. A quoi vous lui répondez :

BEAUMARCHAIS

Un coup de bourse ?

Eon en souriant, vous montre deux de ses doigts.

EON

Deux...

Et il s'agit, bien entendu, du nombre de morceaux de sucre dans le thé, précise Sacha.

BEAUMARCHAIS

Comme vous !

EON *(toujours souriant)*

Alors... deux !

— Selon Sacha, vous continuez à observer le chevalier en silence, Pierre-Augustin. Puis vous vous décidez :

BEAUMARCHAIS

Etes-vous libre ce soir ?

EON

Pour ?

BEAUMARCHAIS

Souper avec moi.

EON

Où ?

BEAUMARCHAIS

Dans ma chambre.

EON

Heu... non.

BEAUMARCHAIS

Ah...

EON

...dans la mienne ! *(Un temps.)* Vous avez peur ?

BEAUMARCHAIS

Moins que vous !

BEAUMARCHAIS

EON

Moi ? De quoi aurais-je peur ? Je sais que vous êtes un homme, moi ! Je l'espère du moins... *(Il prend la main de Beaumarchais.)* Je crois qu'il ne serait pas bête, l'enfant que nous aurions.

— Et c'est alors qu'Eon éclate en sanglots, indique Sacha. Vous vous levez, Pierre-Augustin, un peu décontenancé par son brusque changement d'attitude envers vous, tandis que Charles-*Geneviève* vous supplie :

EON

Prenez-moi dans vos bras... serrez-moi très fort... Je suis la plus misérable des femmes... Je me sentais démasquée... ! Oui... soupons ce soir... où vous voudrez... Passez me prendre à onze heures... Voulez-vous que je reste en homme ?

BEAUMARCHAIS

Cela m'obligera à me mettre en femme ! Il vaut mieux ne pas trop faire jaser...

EON

Vous êtes la première personne à qui je me sois confiée...

BEAUMARCHAIS

Vous êtes le premier capitaine de dragons que je prends dans mes bras !

— Sacha note que vous voulez l'embrasser, Pierre-Augustin. Mais, pudique, il – elle – s'est détourné(e) en murmurant : « Non... tout à l'heure... » Vous vous apprêtez à quitter le salon mais Eon vous rappelle :

EON

Rose ? Bleu ?

BEAUMARCHAIS

... ?

EON

Ma robe...

BEAUMARCHAIS

Bleue.

— Vous sortez alors, Pierre-Augustin, après avoir donné cette réponse symbole sur la couleur d'une robe. Eon sonne la servante anglaise pour l'avertir – en anglais – que si le monsieur qui vient de sortir se présente ce soir, elle devra lui dire qu'il est...

LA SERVANTE

Not well ?

EON

Unwell.

Je vous entends déjà me dire, Pierre-Augustin, que cette première rencontre ne s'est pas passée ainsi, qu'Eon s'est invité chez vous à Londres, sans même vous demander de rendez-vous, etc. Je vous accorde que Sacha a pris à nouveau cette liberté. Mais Eon est bien tombé dans vos bras en pleurant, Pierre-Augustin. Et il est tout aussi vrai que vous êtes tombé dans le panneau ! Vous l'avez cru, ou crue, femme ! Vous en avez fait part au roi en précisant : « *Cette malheureuse femme m'a fait une véritable compassion... avec adresse et douceur... on la mènera facilement à rentrer sous le joug et à remettre ses papiers... à des conditions raisonnables...* »

Cette fois votre triomphe est total. Vous allez réussir votre mission, là où d'autres ont échoué. Obtenir ce que Vergennes, ministre de Louis XVI, et le roi lui-même attendent de vous. Eviter qu'Eon ne vende aux Anglais les papiers qu'il détient. Récupérer moyennant un prix acceptable ces lettres révélant une politique agressive de Louis XV à l'égard de l'Angleterre et le projet d'un débarquement de la flotte française sur les côtes anglaises. Ce qui déséquilibrait l'Europe de ce temps-là. Pour Eon, il aura la possibilité de rentrer en France « en toute sûreté et sur ma parole royale », précise le parchemin signé du roi Louis XVI. Ce à quoi Eon tient par-dessus tout, car ce capitaine de dragons est un patriote. Toutefois, précise encore le parchemin, il lui est interdit « de reparaître en France *autrement que sous ses habits de fille* ». A cette condition il lui est accordé de revenir dans sa patrie « pour y jouir des honneurs, grâces et bienfaits accordés par mon illustre aïeul en considération de ses services militaires et politiques » ! Eon n'a pas le choix. A Londres, il est sans le sou. A Paris, il touchera « sa pension » d'agent de renseignement du « cabinet secret de Louis XV » et la somme importante que vous lui remettez, Pierre-Augustin. Eon va donc rentrer à Paris en femme car Louis XVI, le vertueux, n'accepte pas l'idée que cet homme-femme très en vue, cette star des médias de l'époque, puisse se montrer tantôt femme tantôt homme dans les alcôves parisiennes ! La morale du XVIIIe siècle n'est pas celle du XXIe !

« *De par le roi... il est ordonné à Mademoiselle Charles, Geneviève, Louis, Auguste, André(e), Timothé(e) d'Eon de Beaumont, fille majeure, connue jusqu'à ce jour sous le nom de chevalier d'Eon, ancien capitaine de dragons, de reprendre incessamment les habits de son sexe...* »

La légende est créée. Elle aura la vie dure...

Le chevalier d'Eon va hurler, tempêter, dénoncer votre fourberie, Pierre-Augustin ! Il va même plus loin, il écrit à Vergennes : « J'ai envoyé paître ce Caron... J'ai mis à la porte son conseiller [Morande !] : agent " retourné " à votre service et qui vous mange dans la main. " *Ce Morande qui, non content de lui avoir procuré une bonne vérole, le mène trois fois par semaine dans les bordels de Covent Garden...* " où ils font ramasser plusieurs groupes de filles... les dépouillent et les font servir à danser nues pendant leurs merveilleuses orgies... »

Dans cette même lettre, Eon ira plus loin encore en dénigrant votre sens politique, Pierre-Augustin, et votre habileté de négociateur. « Il se croit un grand homme d'Etat parce qu'il déclame quelques maximes qu'on ne pourrait trouver que dans le *Supplément* de Machiavel... Dans la conduite de Beaumarchais, on verra partout de l'esprit, et nulle part un jugement solide sur les affaires politiques, dont il n'a pris connaissance qu'en galopant. Comme il s'est mis en tête qu'en m'épousant il deviendrait ambassadeur extraordinaire et Morande, son secrétaire d'ambassade... ils peuvent tous deux prendre en passant cette leçon politique de " Mademoiselle de Beaumont " ! »

Eon se venge en vous maltraitant, Pierre-Augustin, mais rien n'y fera. Il reviendra en France et finira en Mademoiselle d'Eon, petite « retraitée », assez misérable. Pourtant n'est-il pas digne de pitié cet homme dont les vertus n'étaient pas exemplaires, mais qui vous écrivait : « Cessez, monsieur, d'abuser de mon état, vous, pour qui j'avais conçu tant d'estime, que je regardais comme le plus vertueux des hommes. Vous qui m'avez su persuader que vous aviez quelque respect pour ma *position extraordinaire*... Par quelle fatalité m'avez-vous choisi...e, pour la malheureuse victime du délire de votre esprit *et de vos mœurs...* » Etranges propos, Pierre-Augustin. N'est-il pas vrai ?

Quand Vergennes vous montrera ces écrits amers, vous n'aurez, dit-on, qu'un mot assez misogyne d'ailleurs : « Elle est femme... c'est tout... »

C'était cruel, Pierre-Augustin. Mais personne n'est parfait.

*

Félicité par Vergennes et le roi lui-même pour ce succès qui protège la mémoire du Bien-Aimé Louis XV, vénéré par son petit-fils, répétons-le, vous restez toujours obsédé par une réhabilitation qui tarde. Vous ne pouvez pas vous contenter de cette simple victoire sur le chevalier-chevalière. Certes l'arrêt vous condamnant lors du procès La Blache est cassé, mais le blâme hante toujours vos jours et vos nuits, même si elles sont souventes fois consacrées à d'autres émois où vos droits civiques ne sont pas prioritaires...

Une nouvelle passion vous tenaille depuis que vous êtes arrivé à Londres : l'indépendance de l'Amérique ! Votre duel avec d'Eon n'aura été qu'une parenthèse. Il vous faut d'autres dossiers, une autre nourriture !

Les colonies anglaises d'Amérique ont commencé à s'insurger contre le pouvoir de Londres. Ce mouvement vous enfièvre et déjà vous enchaîne, vous l'homme pressé. Persuader Vergennes, le roi, le gouvernement de la France d'aider l'Amérique à se débarrasser de la présence anglaise sur ses territoires va être l'aventure des jours à venir. Votre séjour à Londres vous a déjà permis de rencontrer quelques « indépendantistes » et de constater que l'opposition au gouvernement du roi George III progresse. Vous avez compris qu'un conflit, intérieur ou extérieur à l'Angleterre, servirait grandement les intérêts de la France. Cette cause vous paraît être à la hauteur de votre ambition, de votre amour de la politique, comme la tâche essentielle de votre vie ! Vous ne manquez pas de le faire savoir. Vous proposez vos services avec toute la conviction dont vous êtes capable, quand vous voulez quelque chose. Vous écrivez au roi : « *Je puis certifier à Votre Majesté que je suis assez au fait des dispositions secrètes de ces chefs de parti !* » Ce n'est pas très modeste mais votre action n'a jamais été empreinte de ce caractère. Les insurgents d'Amérique, affirmez-vous, sont résolus à tout souffrir plutôt que de plier ! Vous les croyez « pleins de cet enthousiasme de liberté qui a si longtemps rendu la petite nation corse redoutable aux Génois » !

On n'est pas plus moderne...

Cher Pierre-Augustin, puisque vous voici proche de la cinquantaine, au milieu du gué, permettez-moi un bref retour en arrière. Je suis ébloui par le chemin déjà parcouru depuis une montre, fabriquée avec patience, et le génie qui vous habitait dans la boutique d'horlogerie de la rue Saint-Denis. Et ce n'est pas fini. Je dois vous avouer que je n'y pensais guère en murmurant plus d'une centaine de fois quand je vous jouais : « *Maître ici, valet là, selon qu'il plaît à la fortune. Ambitieux par vanité, laborieux par nécessité, mais paresseux... avec délices ! Orateur selon le danger, poète par délassement, musicien par occasion, amoureux par folles bouffées, j'ai tout vu, tout fait, tout usé.* »

Chaque mot, chaque phrase a son poids, sa signification intime dans votre monologue du *Mariage*...

Je commence à croire, Pierre-Augustin, que je vous aurais mieux interprété, si je vous avais mieux connu.

13

Je viens de relire votre *Barbier*, Pierre-Augustin. J'ai un aveu à vous faire.

Jean Anouilh, que j'ai connu et admiré, disait : « toute œuvre créatrice est un monstrueux plagiat de la vie. » Oublions le monstrueux. Reste la vie.

Il y a dans votre *Barbier* une première tirade à laquelle je n'avais strictement rien compris. Soucieux d'être fidèle à votre rythme et de montrer de Figaro cette gaieté que lui a donné « l'habitude du malheur », je fonçais à travers les mots sans prendre garde à ce qu'ils signifiaient. Défaut de jeunesse : on confond souvent vitesse et précipitation. Avec les textes comme avec les femmes. Dans les deux cas, c'est fâcheux. Les mots exercent leur dictature. On veut rassurer trop vite la mémoire. Nous faire croire *qu'on sait*. Or pour savoir, il faut apprendre. Cette lapalissade peut vous sembler stupide, Pierre-Augustin. Pourtant c'est elle la responsable. Mécanisation obligatoire, elle nous empêche au début d'assimiler l'esprit d'un texte. On ne réalise pas assez ce qu'on dit : ce qu'il y a derrière les mots. L'instinct supplée mais ne peut pas tout. Tant que nous ne la dominons pas, la mémoire nous asservit ! Elle nous enlève cette indépendance, cette liberté que donne le temps. Or le temps ne se comprime pas. C'est lui qui finit par apporter à l'acteur la densité nécessaire à une interprétation. Si mon explication vous paraît laborieuse, achetez-vous un petit classique Larousse, Pierre-Augustin, et relisez votre scène II de l'acte I, vous me comprendrez mieux. En voici un extrait :

« Et mon bagage en sautoir, parcourant philosophiquement les deux Castilles, la Manche, l'Estramadour, la Sierra Morena [tiens ! tiens !] ... accueilli dans une ville [Londres], emprisonné dans l'autre [Vienne et For-l'Evêque] ... loué par ceux-ci [après la sortie de vos *Mémoires*] ... blâmé par ceux-là [ceux du Parlement qui vous l'ont infligé] ... et partout supérieur aux événements... »

N'est-ce pas là le plagiat de vos premières années, le résumé des chapitres précédents ? Certes, il ne m'était pas absolument nécessaire de savoir tout cela quand je vous ai joué il y a cinquante ans, mais comme le disait si bien Madame Dussane à propos de l'intelligence des acteurs : « Ça ne m'aurait pas nui ! »

Revenons à vous qui n'avez pas besoin de mémoire pour créer, mais plus simplement de souvenirs !

En 1775 vous êtes à Londres, face à votre destin. A Paris, votre *Barbier* vit sa vie, et très bien. Il la vit aussi à Bruxelles et autres lieux. Vous avez esquissé une première ébauche du *Mariage*, mais c'est la politique qui une fois encore prend le pas sur le théâtre. Votre CV va s'enrichir. Vous allez pouvoir jouer dans la cour des grands. Leur parler d'avenir. Celui qui va changer l'équilibre du monde au XXe siècle : l'Indépendance américaine ! Oui, à n'en pas douter, Londres vous a servi de tremplin, Pierre-Augustin.

Les ministres du roi, Sartine, Maurepas (conseiller de Louis XVI) et Vergennes écoutent vos avis. Le roi lui-même, qui à l'origine n'éprouve pas de sympathie pour vous – « c'est un homme vil » –, s'est déclaré heureusement étonné de l'habileté que vous avez manifestée dans l'affaire Eon. Dès septembre, vous rencontrez Arthur Lee, député secret des colonies américaines, un des principaux chefs des Insurgents. Vous fréquentez assidûment John Wilkes, lord-maire de Londres, chef de l'opposition au Parlement anglais. Et ce, grâce à un acteur, Garrick, votre interprète et traducteur d'*Eugénie*. Vous voyez que le théâtre a ses petites utilités, Pierre-Augustin ! Vous revenez à Versailles...

Douze ans auparavant la France a cédé le Canada, les îles Saint-Vincent, de la Grenade, le Sénégal ; le patrimoine des Indes est ruiné, la marine française boite, et, comble d'injures, l'« Anglois » a rasé les fortifications de Dunkerque ! On ne peut pas changer un pavé sur les quais d'un port français sans son autorisation ! Cependant la France ne veut pas d'un conflit ouvert avec l'Angleterre. Alors vous voyez Vergennes. Vous rencontrez Sartine ! Vous écrivez au roi, le 21 septembre ! Et deux jours plus tard, à cette date symbolique qui nous unit, vous et moi... le 23 septembre, le roi vous reçoit ! Il vous écoute. Vous plaidez avec chaleur le dossier américain. Respectueux mais ferme, sans langue de bois. Il ne s'agit nullement pour la France, expliquez-vous, de se venger des humiliations passées, mais bien de songer à ses intérêts ! Etablir en Amérique une base économique d'avenir ! Et, dans ce but, soutenir fermement ce mouvement de libération que vous sentez irrésistible. Les colonies américaines veulent s'affranchir de la tutelle et de la puissance anglaises. Pour convaincre mieux encore ce jeune roi de vingt et un ans à la morale très stricte, vous lui écrivez de Londres après l'entrevue de Versailles : « Il n'en est point de la morale des Etats comme de la morale des citoyens [...] la morale nationale qui maintient les Etats diffère, presque en tout, de la morale civile qui gouverne les particuliers... » On n'est pas plus clair ! Oubliant une fois de plus que dix ans auparavant vous étiez en Espagne pour fournir des esclaves noirs aux colonies espagnoles, vous apostrophez Louis XVI à propos d'eux ! « Comment permettez-vous, Sire, que des vaisseaux enlèvent de force et fassent gémir des hommes noirs [...] que la nature avait faits libres ! » Bel exemple de dialectique soumise à l'exigence de l'instant : vous avez vraiment une tête politique, Pierre-Augustin ! Bref... Dans ce mémoire adressé au roi, vous enfoncez votre clou avec un réalisme, une vigueur que ne dénigrerait, de nos jours, aucun homme de pouvoir. « Si les hommes étaient des anges, sans doute faudrait-il mépriser, détester même la politique. Mais si les hommes étaient des anges, ils n'auraient pas non plus besoin de religion pour les éclairer ; de lois pour les régir ; de magistrats pour les contenir ; de soldats pour les soumettre. Et la terre au lieu d'être une image de l'enfer serait elle-même un séjour céleste [...]. Il faut les prendre tels qu'ils sont, Sire. Le roi le plus juste ne peut aller plus loin que le législateur Solon qui disait : “ *Je n'ai pas donné aux Athéniens les meilleures lois possibles, mais seulement les plus convenables aux lieux, au temps et aux hommes pour qui je travaille.* ” »

Belle preuve de pragmatisme et de lucidité ! Pour compléter votre idée, vous ajoutez : « Quoique la politique soit fondée sur des principes très imparfaits, elle est fondée. Et le roi qui voudrait, seul, être juste et bon au milieu des loups s'en verrait bientôt dévoré, lui et son troupeau ! »

Sans le savoir – ou en le sachant parfaitement –,

vous rejoignez Turgot : « Il faut vous armer contre votre bonté, Sire. N'oubliez jamais que c'est la faiblesse qui a mis la tête de Charles Ier sur le billot... » Turgot visionnaire ? Peut-être, mais Turgot, le réformateur, sera un jour renvoyé !

Pierre-Augustin, vous qui nagez dans ces hautes sphères comme un poisson dans l'eau, que n'avez-vous usé votre talent et le souvenir de ces rencontres avec « la politique » dans une œuvre dramatique ! Vous aviez là l'occasion d'un « monstrueux plagiat ». Vous seriez peut-être Shakespeare ! Il n'a pas fait autre chose avec son *Coriolan*... Même si je conçois parfaitement que les répétitions d'une pièce, si passionnantes qu'elles puissent être, à travers les essais, les coupures, les ajouts et ce compagnonnage que reste le théâtre, n'apportent pas les mêmes ivresses que le sentiment de participer à la conquête d'un pouvoir et d'être mêlé à l'histoire de son temps, permettez-moi une fois encore de le regretter...

Votre mission à Londres va d'abord consister à explorer toutes les combinaisons possibles pour aider le mouvement insurrectionnel qui se développe en Amérique. Mais – secret oblige – on ne vous connaîtra jamais. Jamais on ne doit pouvoir remonter jusqu'au roi Louis XVI ! Vous acceptez cette charge avec enthousiasme, assurant le roi et ses ministres que votre existence « ne vous est pas plus chère que les intérêts qui vous sont confiés ».

Comment aider la révolution américaine en secret ? Très simple.

Beaumarchais vous étiez. Hortalez vous devenez ! Ronac disparaît.

Il faut trouver de l'argent. Vous fondez à Paris une entreprise commerciale, import-export, société écran « Roderigue Hortalez & Co ! P-DG, vous ! Elle est domiciliée rue de Condé, chez vous, cette société. Elle a reçu un million de livres pour se constituer. De qui ? De Vergennes... et en secret de la France ! L'Amérique vous vend son tabac de Virginie pour un demi-million. La « Hortalez & Co. » le revend au prix fort, un peu partout. Elle va pouvoir très vite fournir aux Insurgents de la poudre à canon, des armes, etc. L'Espagne, qui voit aussi son intérêt à participer à la libération américaine, verse à son tour un million de livres ! Et le jeu se poursuit. Ne me demandez pas à moi, pauvre acteur du XXIe siècle, d'y comprendre quelque chose. Mais il est bien évident qu'en matière économique et commerciale les leçons de Pâris-Duverney vous ont bien servi. Vos connaissances ne sont pas douteuses... si les méthodes employées le sont parfois ! « Le commerce tire son bénéfice, écrivez-vous au roi, par l'échange avantageux des denrées... Il augmente la prospérité de tous les Etats qui ont le bon sens de le protéger. » Augmente-t-il la vôtre ? C'est votre espoir. Mais là, vous serez déçu. L'Amérique, « ça ne paye pas ». Vous ne rentrerez dans vos fonds, et plus ou moins mal, que beaucoup, beaucoup plus tard !

Le souci présent reste d'échapper à l'espionnage anglais qui est partout ! Jusque sous les fenêtres de la Hortalez & Co., domiciliée maintenant rue Vieille-du-Temple dans le somptueux hôtel des ambassadeurs de Hollande. Vous courez de Dunkerque au Havre et du Havre à Bordeaux pour trouver des bateaux. Vous les armez. Il faut bien assurer le transport de l'huile, des armes, du riz... Vous masquez alors les fournitures, les hommes, les travaux et les navires sous le pavillon de la Hortalez & Co., honnête entreprise française qui a bien le droit de faire des affaires... !

Echappant ainsi à l'espionnage anglais, vous parvenez à expédier aux Insurgents, outre des tonnes de poudre à canon : 30 000 fusils, 3 000 tentes, 200 canons, 100 000 boulets, 13 000 bombes, 95 aunes de drap, 30 000 couvertures, 30 000 bonnets de laine, sans compter les godillots, des boutons (de culotte !), des mouchoirs de poche, etc. Toutes fournitures que l'Amérique attend ! Vous disposez bientôt de neuf navires, soigneusement dispersés dans les ports de la Manche et de l'Atlantique car la France n'est pas en guerre officielle avec l'Angleterre. Vous allez augmenter cette flotte jusqu'à 40 bateaux pour expédier vos stocks d'armes. Vous réussirez à former des instructeurs, à embarquer un corps expéditionnaire de 6 000 hommes : le voilà, La Fayette ! Il n'y a d'ailleurs pas que lui. Des Polonais, des Prussiens, des Irlandais sont également embarqués. Vous aurez le bonheur d'armer le « fier Roderigue » qui, sous les ordres de l'amiral d'Estaing, va s'illustrer à la bataille de la Grenade ! Le navire est détruit, mais la Grenade est reconquise ! Quelle belle série cela ferait de nos jours, pour la télévision...

Si l'on en croit vos descendants – et il n'y a aucune raison de douter de leur parole –, vous fondez en outre une revue, *Le Courrier de l'Europe*, dans le but d'inciter la France à entrer en guerre contre l'Angleterre ! Vous la faites distribuer à Paris ! Mais le plus extraordinaire, c'est que vous avez le culot de la faire imprimer à Londres ! Pays de la liberté de la presse...

Vous recherchez un second front jusqu'aux Indes ! Toujours courant tous les ports, et les arsenaux, à Rochefort, à La Rochelle, à Nantes, à Bordeaux, vous applaudissez à la première grande victoire des Insurgents à Saratoga ! Vous résistez aux calomnies d'Arthur Lee qui se révèle un fort méchant homme et qui jabote sur votre compte à Washington, vous accusant d'expédier des armes rouillées et des denrées périmées ! Vous résistez aussi à Benjamin Franklin qui ne vous aime plus, après vous avoir fort estimé. Vous avez raté un rendez-vous avec lui. Vous êtes resté au Havre plutôt que de le rejoindre en Bretagne car on y jouait votre *Barbier*, au Havre ! Et vous avez assisté à la représentation ! Au nom des acteurs de ce temps-là, je vous en remercie solennellement, Pierre-Augustin...

Vous vous occupez en même temps du procès La Blache, vous le gagnez, enfin ! Vous vous occupez aussi de faire valoir vos droits d'auteur auprès de mes confrères de la Comédie-Française ! Vous jetez alors les premiers éléments d'une société qui va devenir un groupe de pression essentiel contre la dictature des acteurs : la Société des Auteurs. Vous en devenez le président. Avec comme « vices » principaux, Marmontel, Sedaine, et un très célèbre inconnu, Saurin, dont le principal titre de gloire reste d'avoir écrit un vers en faveur de Molière : « *Rien ne manque à sa gloire, il manquait à la nôtre.* » Sentence qui devrait être inscrite pour l'éternité sur le socle de sa statue, à l'Académie française... où Molière n'est pas entré !

Pierre-Augustin, vous me pardonnerez, mais, à mon âge, j'ai bien du mal à vous suivre.

Cette prodigieuse activité me laisse rêveur, deux cent trente ans plus tard. Et ce n'est pas fini !

Certains seraient tentés de vous dire : « Et Dieu dans tout cela ? » Je ne peux, moi, que vous répéter : « Et le théâtre dans tout cela ? » Homme des Lumières, ce souci de Dieu ne vous encombre pas plus que celui d'enrichir la scène française ! Pourtant, vous avez fait votre première communion. Mais l'assiduité à la messe n'entre pas dans vos exigences premières, malgré les contraintes exercées par papa Caron, dès votre jeune âge. Vous avez droit, en ce temps là, à quatre livres d'argent de poche par mois. Hélas vous faites trop souvent la messe buissonnière, Pierre-Augustin ! Papa Caron vous retire alors douze sous... si vous arrivez après l'épître ! Vingt-quatre sous, après l'évangile ! Et vos quatre livres s'envolaient définitivement... si vous arriviez après l'élévation !

On dit que vos fins de mois se sont souvent terminées avec un déficit de sept à huit livres. Néanmoins je suis sûr qu'avec votre charme et votre charisme, vous avez trouvé le moyen, en deux siècles, d'être assis sur les genoux du Seigneur ! Ne serait-ce qu'une fois par an, en mai ou en juin, à la Saint-Pierre... ou la Saint-Augustin.

14

— Pierre-Augustin, j'ai une question à vous poser. Acteur, au service de la joie des autres, j'en ai retiré toutes les félicités possibles. J'aimerais savoir ce qui fut votre bonheur à vous. Au milieu de toutes vos activ...

— Les femmes !

La réponse avait jailli. Je n'avais pas eu le temps d'achever.

— Les femmes ! Dès treize ans, j'avais rencontré la première. Elle en avait dix-sept...

— Et vous l'avez comblée de vos ardeurs ?

— Et de mes cadeaux ! Qu'elle a acceptés ! Et quand j'ai appris sa trahison... et qu'elle se mariait, je me suis suicidé !

— Et vous vous êtes raté. Dieu merci. Voilà un point commun avec Sacha Guitry.

— Encore votre Guitry !!!

— Oui. Vous allez voir. Sacha raconte que, amoureux, tout comme vous à treize ans, de la mère d'un de ses camarades de classe, il lui offre un jour un immense bouquet de violettes. Elle le prend, le respire, l'admire et lui dit : « Tu remercieras bien ton papa de ma part ! »

— Et il s'est suicidé pour cela ?

— Non. Il a pensé plus simplement que son père l'avait précédé !

*

Vous m'avez alors révélé, Pierre-Augustin, que vos sœurs aînées vous ont aidé à mieux sonder le cœur des femmes, les petites ruses, les abandons, les rires, les larmes... L'art de séduire, en somme. Des rencontres ont eu lieu « en famille » avec leurs amies autour des instruments de musique. En pinçant les cordes des violes et du luth, en soufflant dans les flûtes, des regards s'échangeaient : le frôlement des harpes est frère du frôlement des mains. C'était l'âge de vos premiers émois. Les compagnons d'atelier vous ont enseigné, un peu plus tard, les secrets des carrefours où l'on croise de jolies soubrettes, du Marais au faubourg Saint-Germain. L'homme pressé qui déjà vit en vous, au temps de l'adolescence, a choisi très vite de « *se montrer, plaire et dominer* », ainsi que vous l'écrivez. C'est dans cet état d'esprit, m'avez-vous avoué, que vous rencontrâtes Madeleine Franquet.

— On peut dire que vous épousiez maman, en épousant Madeleine.

Vous n'avez pas protesté.

Elle est ardente. Vous êtes vigoureux. Vous répondez à la demande !

— Mais, vous l'avez déjà écrit tout ça mon petit Piat !

— Je développe ! Je complète. Elle est pieuse... vous l'apaisez.

— Pardon... ?

— Vous l'invitez pour calmer ses scrupules à « adorer la main qui conduit tous les événements ». Cette phrase, c'est vous cette fois qui l'avez écrite, Pierre-Augustin. Elle y voit la main de Dieu. Elle s'abandonne à cette divine volonté. Elle n'aspire qu'à vos bras. Vous n'aspirez qu'à Versailles. Et elle vous laisse veuf à un âge où... mon Dieu on peut se refaire une santé. Pourquoi souriez-vous, Pierre-Augustin ?

— A cause de Versailles. Sans trop chercher, on trouvait nombre de consolatrices dans les corridors, dans le parc ou autres lieux, plus secrets et plus abrités. Le siècle n'était pas farouche...

J'ai compris à votre sourire que vous vous autorisiez bien des visites de courtoisie dans les corsages et des mains baladeuses dans les bosquets. Et s'il vous arrivait de donner des leçons à la fille du duc de Noailles, ce n'était pas seulement pour lui apprendre à jouer de la harpe ! Vous lui faites découvrir Molière et La Fontaine, car vous êtes déjà très cultivé, mais vous ne négligez pas Rabelais ! Plus tard, c'est en famille encore, rue de Condé, que vous enflammez Pauline Lebreton. Elle entre dans la danse, au sens propre du terme. Vous y êtes habile. Gavotte, rigodon, et passacaille se succèdent ! Et si l'on écrase le pied de son danseur, le gage, c'est une claque sur les fesses. C'est innocent mais cela crée des liens.

— Vous ne voulez pas me parler de l'Espagne ?

— Pourquoi l'Espagne ?

— Vous y avez perdu Pauline.

— Certes. Mais...

Je vous ai vu soudain plus songeur. Vos yeux brillaient, reflétant les souvenirs heureux. Etait-ce la marquise de La Croix, nièce d'évêque certes, mais peu encombrée de scrupules catholiques qui les animaient ? Ou bien d'autres créatures de moindre naissance qui peut-être vous permettaient – c'est encore vous qui l'écrivez – « de ne pas rester à jeun pendant toute une journée dans cet immense jardin qu'on appelle le Monde, où chaque fleur a droit au coup d'œil de l'amateur ». Ce coup d'œil de l'amateur n'aurait-il pas provoqué la curiosité de l'adorable comtesse Buturlin ? Epouse russe de l'ambassadeur de Russie à Madrid, fleur parmi les fleurs, inspirée sans aucun doute par « votre intarissable belle humeur et l'air vif et appétissant qui circule à Madrid » – je vous cite –, vous avait-elle fait comprendre tout ce que la France doit à la Russie ?

Vous avez éclaté de rire et vous m'avez fait observer :

— Je ne pouvais pas m'occuper sans arrêt des immensités désolées de la Castille ou de la Mancha, ou projeter d'amener l'eau dans la Sierra Morena, sans quelques petites compensations. La gaieté du soir ne gâte pas le travail du matin !

J'ai admiré votre formule. Et nous avons parlé de Geneviève. De votre rencontre romanesque, aux Champs-Elysées, de votre attitude face à la mort. A quel point elle fut votre belle histoire d'amour de la proche quarantaine, et c'est presque gravement que je vous ai entendu me dire :

— Cette fois, c'est l'amitié qui fut ma seule consolatrice, mon nécessaire refuge.

Paul-Philippe Gudin de la Brenellerie, fils d'horloger tout comme vous, venait d'entrer dans votre vie, Pierre-Augustin. Il désirait écrire un livre sur vous. Il allait devenir le compagnon de votre existence entière, et même au-delà. Partageant vos joies, vos défaites, vos espoirs même...

— Et une femme !

— Pardon ?...

— Je dis « et une femme » ! Le partage se pratique en amitié, sans que l'un ou l'autre l'ait voulu. Ou volontairement au contraire...

J'étais stupéfait.

— Ménard ? ai-je demandé timidement ?

— Quoi Ménard ?

— C'est elle qui...

— Non ! Pas du tout.

Vous n'avez pas voulu m'en dire plus. Ménard vous faisait rire. Elle était charmante. Mais j'ai compris à votre air que vous n'aviez rien de plus à ajouter sur un éventuel partage avec elle.

— Et Maric-Thérèse...

— Marie-Thérèse ?

— Marie-Thérèse de Willermaulaz, votre troisième femme.

Dans le silence qui a suivi, il m'a semblé que Marie-Thérèse venait s'installer entre nous deux.

— ...Quand je l'ai rencontrée pour la première fois, Gudin était présent. Il ma dit étrangement que je venais de rencontrer la femme de ma vie. « La femme de ma vie ! » cela me paraissait stupide. J'avais quarante-deux ans. Elle vingt ! Je ne pouvais pas concevoir alors que ma vie s'arrêterait avec elle.

— Elle est venue à vous comme le raconte Sacha ?

— Presque !

Elle venait de lire votre quatrième *Mémoire.* Elle en restait subjuguée. Malgré sa réserve naturelle, héritée des pudeurs helvétiques, cette admiration la poussait à toutes les audaces. Elle vous écrit pour vous demander de lui enseigner la harpe.

— Venez la chercher, ai-je répondu.

Elle est venue. Elle est restée. Miracle de la harpe ? Vous ne l'avez pas éloignée. Elle n'exigeait rien d'autre que d'être là, avec vous. Tout naturellement, elle s'est occupée de gérer votre maison privée. Elle s'intéresse de très près à vos affaires. Elle démêle leur extraordinaire complexité. Elle passe des procès qui vous assaillent, aux soucis multiples et administratifs de la révolte américaine. Est-ce par attendrissement ? Vous l'appelez « ma ménagère » ! Elle a la chance, tout comme Gudin, d'être agréée par Julie. Ce qui n'est pas une mince affaire mais qui peut-être vous conforte et vous rassure. Elle n'attend rien de vous, pas même que vous l'épousiez. D'ailleurs le blâme et la privation de vos droits civiques vous l'interdisent. Elle est là, c'est tout. Rue de Condé comme à l'hôtel des Ambassadeurs de Hollande, avec Roderigue Hortalez. Elle est là, malgré les chocs, les chagrins, la dispersion que votre existence « agitée » va lui infliger. Vous la trompez. Elle le sait. Elle vous attend. Vous la quittez. Elle pleure. Vous revenez. Elle est là, toujours là, souriante et jeune. Quelques jours après la première rencontre, vous êtes déjà parti ! Pour Londres, via Lille, à cause du blâme. Elle est née à Lille. Elle est votre refuge d'une nuit. Avant celui d'Ostende et enfin celui de Londres. Londres qui est aussi le carrefour de votre vie. Elle viendra à Londres. Elle sera à Versailles. Elle vivra à Paris. Les voyages, la prison vous séparent ? Marie-Thérèse assume. Que vous fréquentiez les bordels de Londres et que, selon Eon, ils vous aient collé la vérole... elle l'ignore ou se tait. Elle répond de tout, fait face à tout. Elle s'est vouée à vous. La méritezvous ? C'est une autre affaire... Et c'est une question qui bientôt va vous tourmenter gravement. Qu'est-elle donc pour vous cette Marie-Thérèse... ? « *Ni passion ni ivresse, c'est une douce convenance, à laquelle on ne se soustrait pas sans en avoir autant de torts que d'embarras* », avouez-vous à une autre. Vous vous sentez d'ailleurs plus enchaîné par ces principes que par une passion plus chère à votre cœur. Car elle a surgi cette autre. A Londres. Quelques semaines, quelques jours avant que Marie-Thérèse ne vous donne une fille, Eugénie, du nom de votre héroïne au théâtre. Elle s'appelle Godeville, votre passion neuve. Marie-Madeleine, telle la pécheresse. Mais vous n'êtes pas Jésus. Elle est Madame de Godeville à Londres, du nom de son mari commandant de frégate, trop souvent en mer, et qui va s'illustrer à Yorktown, victoire décisive des Insurgents. « C'est une belle pute », disent certains. A quoi vous répondez : « Je ne déteste pas que ma maîtresse soit un peu putain. » Quoi qu'il en soit, la Godeville est votre passion furieuse du milieu du gué. Même si vous n'avez encore que quarante-cinq ans mais victime hélas, déjà, de quelques défaillances au lit ! Est-ce la maternité, les suites difficiles de l'accouchement ? Pour la première fois, Marie-Thérèse doute. De vous et d'elle. Elle a compris que la belle dame vous révèle des voluptés inconnues, des paradis secrets. Vous ne vous appartenez plus. Même si parfois votre infidélité vous obsède, c'est vers Godeville que vous revenez. Elle exige tout de vous. Un enfant. Sa reconnaissance publique. Douée d'un tempérament de feu, elle vous cerne de sa passion et de ses fureurs. Elle devient jalouse de tout. De Marie-Thérèse même ! Une Marie-Thérèse qui pourtant n'est plus une adversaire redoutable. Elle lutte certes, mais se sent vaincue par les méfaits du temps, de l'accoutumance et du quotidien. Et quand vos sens sommeillent, Pierre-Augustin, c'est par le jeu des mots et de l'imagination que Godeville vous réveille. S'il vous arrive néanmoins de sombrer, tant vos responsabilités et l'image de Marie-Thérèse vous accablent, vous les prononcez alors ensemble ces mots pour assurer votre réveil. Ou vous demandez à Gudin de vous remplacer dans le rôle, comme une doublure au théâtre. C'est le partage « en amitié » dont vous parliez.

Gudin accepte, tout comme Godeville. Etrange licence pour ne pas dire « marché » qui vous fait écrire à Godeville. Je résume. « Si quelque chose, ma chère, pouvait consoler mon frère Gudin, ce serait d'y rencontrer une chatte plus privée que vous ne l'êtes. Pourquoi donc ne pas boire et manger, faire la douce affaire et puis... recommencer ! Si vous pouviez foutre tous deux, un ou quatre bons coups pour l'amour de moi, je vous promets d'y prendre part et de m'en réjouir... Un peu de gaieté spermatique embellit bien les cuisses d'une femme...

Ce serait ma recette à moi, si j'étais avec vous. » Et Godeville dévore tout : les lettres et Gudin !

Il est certain qu'à l'âge où j'étais au Conservatoire, en 1944, Dussane éprouvait quelques difficultés à expliquer cette gaieté particulière au jeune premier qui essayait de comprendre les dessous de la scène VII de l'acte V du *Mariage de Figaro* entre Almaviva et Suzanne ! Tout comme Monsieur Van Tieghem, professeur de littérature...

Dussane faisait bien allusion avec prudence aux *Liaisons dangereuses* dont l'esprit était, etc., c'était déjà de l'audace. Seul André Brunot, sociétaire doyen de la Comédie-Française, avait un langage plus imagé, dans la classe voisine : « Il bande, mon petit, tu comprends ! Il bande, nom de Dieu ! » Avait-il lu vos lettres à Godeville, Pierre-Augustin ? Elles ne disaient pas autre chose. « La grande question n'est pas de savoir si nous bandons parce que nous aimons, ou si nous aimons parce que nous bandons... ! » Sans avoir encore apporté de réponse satisfaisante à cette angoissante question, vous avouez à Godeville : « Ta lettre d'hier est assez polissonne et quoi que je sois dans la faiblesse de l'inanition causée par une diète de trois jours, j'ai senti sous mon bureau quelque chose remuer... » Vous aviez raison : merci Monsieur Brunot.

*

Pourtant, la rupture est proche. Deux ombres s'installent trop souvent entre vous deux : la petite Eugénie et Marie-Thérèse. Une Marie-Thérèse à la séduction trop convenue mais dont vous respectez la détresse et les larmes vraies. Et vous écrivez alors à Godeville : « L'amour est un culte. Il faut pour en jouir s'y livrer sans distraction. Je n'en ai ni le temps, ni le pouvoir. » C'est un peu mufle, mais c'est juste. Tant de tâches vous attendent encore, et vous avez besoin de cette paix que vous apporte votre « ménagère » et sans laquelle vous ne pouvez plus ni travailler ni même réfléchir. Pourtant, d'autres lettres à la fois plus touchantes et plus charnelles expriment votre désarroi et ce remords qui souvent vous étreint. Permettez-moi de les citer, Pierre-Augustin, comme autant de répliques d'une pièce de théâtre que vous n'avez pas écrite.

— Mon système à moi, c'est de ne faire partager que ce qu'il y a d'heureux dans le cours de ma vie.

— Je n'ai plus que le désir du désir. Allumer un cierge dans la neige est la tâche que je t'impose !

— Il n'y a pas d'amour-propre à ce que je te dis là. Ne me reproche donc rien. Car je ne demanderais pas mieux de valoir plus.

— Rien ne se commande en amour.

— Lorsque tu bats le briquet sur moi, ou sur toi, je m'allume et quoi que je ne sois qu'une faible allumette, elle est encore prête à brûler pour toi par ses deux bouts soufrés. C'est te dire assez, ma belle amie, que je t'aime de tout mon faible pouvoir.

— Tu ne sais pas à quel point je suis accablée, tourmentée, persécutée.

Vous sentiez-vous puni de cette passion, Pierre-Augustin ? Vous épousez Marie-Thérèse. Touché par sa tendresse inépuisable, sa constance et l'amour sans réserve qu'elle vous porte. Mais ne faisons résonner ni hautbois ni musette ni cloches d'église, vous l'épousez en 1786, douze ans après l'avoir rencontrée ! La petite Eugénie, du haut de ses neuf ans, vous regarde toute surprise, se demandant pourquoi depuis si longtemps son père s'appelle Beaumarchais et sa mère Willermaulaz. Vous divorcerez huit ans plus tard en 1794, mais cette fois c'est la loi sur l'émigration qui vous y oblige. Vous pourrez vous remarier en 1797 quand, émigré malgré vous, vous aurez pu regagner la France. Dieu que la vie est parfois compliquée sous les régimes qui, prétendument, appellent à la liberté...

Godeville sera un temps votre « honorable correspondant » en Hollande, pour des affaires d'espionnage auxquelles elle a déjà été initiée à Londres. Gudin la consolera parfois. Elle connaîtra la Bastille, mais saura s'en sortir sans trop de dommages pour ne plus jamais reparaître à vos côtés. Aura-t-elle été votre dernière grande aventure ? Vous connaissant comme on vous connaît, Pierre-Augustin, cela serait bien surprenant. Godeville gardera sa place dans vos souvenirs, illustrant peut-être sans le savoir ce qu'Anouilh dit du « monstrueux plagiat de la vie ». Relisez votre scène VII de l'acte V, Pierre-Augustin, puisque, comme tout écrivain, vous avez sûrement oublié ce que vous écriviez alors. Je vous la rappelle...

Profitant de la nuit, la comtesse prend la place, les habits et la voix de Suzanne auprès de son mari. Croyant tenir la main de cette Suzanne avec qui il a envie de coucher, Almaviva lui a déjà parlé de sa peau fine et douce, de ses doigts prometteurs pleins de grâce et « d'espièglerie »... Il répond alors aux questions de sa femme, croyant parler à Suzanne :

LA COMTESSE

Ainsi l'amour ?...

LE COMTE

L'amour n'est que le roman du cœur. *C'est le plaisir qui en est l'histoire.* Il m'amène à tes genoux.

LA COMTESSE

Vous ne l'aimez plus ?

LE COMTE

Je l'aime... beaucoup. Mais trois ans d'union rendent l'hymen si respectable.

LA COMTESSE

Que vouliez-vous en elle ?

LE COMTE, *toujours la caressant.*

Ce que je trouve en toi, ma beauté...

LA COMTESSE

Mais... dites donc...

LE COMTE

Je ne sais... Moins d'uniformité peut-être. Plus de piquant dans les manières. Un je ne sais quoi qui fait le charme... Quelquefois un refus. Que sais-je ? Nos femmes croient tout accomplir en nous aimant. Cela dit une fois, elle nous aime, nous aime... – quand elles nous aiment – et sont si complaisantes, et si constamment obligeantes et toujours, et sans relâche... qu'on est tout surpris un beau soir de trouver la satiété où l'on recherchait le bonheur !

LA COMTESSE, *à part.*

Oh ! quelle leçon...

LE COMTE

En vérité, Suzon, j'ai pensé mille fois que si nous poursuivons ailleurs ce plaisir qui nous fuit chez elles, c'est qu'elles n'étudient pas assez l'art de soutenir notre goût, de se renouveler à l'amour, *de ranimer, pour ainsi dire, le charme de leur possession par celui... de la variété !*

LA COMTESSE

Donc elles doivent tout ?...

LE COMTE, *riant.*

Et l'homme rien ? Changerons-nous la marche de la nature ? Notre tâche, à nous, fut de les obtenir. La leur...

LA COMTESSE

La leur ?

LE COMTE

La leur est de nous retenir. On l'oublie trop...

LA COMTESSE

Ce ne sera pas moi.

LE COMTE

Ni moi...

Certes, c'est un langage de « macho ». Et deux siècles nous séparent encore d'une vérité contemporaine, plus brutale et nouvellement révélée – « ni putes, ni soumises ». Mais les femmes en jugeront. Comme la Comtesse, en son temps, apprécie la leçon.

Notre bonheur à nous, acteurs, c'est de voir se glisser le long des mots les ombres de Godeville et de Marie-Thérèse, prouvant ainsi que ce sont bien ces femmes, et le souvenir qu'elles vous ont laissé, qui vous font écrire cette scène. Les comédiennes vous en remercient, Pierre-Augustin, croyez-moi. Rien n'est plus délicieux à jouer pour elles que les rôles de Suzanne et de la comtesse. Sans oublier Marceline à qui – pour la première fois au théâtre – vous donnez l'occasion de défendre avec grande vigueur ces jeunes femmes que les sociétés s'obstineront trop longtemps à appeler « les filles mères ». Répliques coupées à la création, et longtemps après encore. Vous souhaitiez qu'elles soient un jour restituées au public. La Comédie-Française les a rétablies au XXe siècle. Les voici :

MARCELINE

...Dans l'âge des illusions, de l'inexpérience et des besoins où les séducteurs nous assiègent, pendant que la misère nous poignarde, que peut opposer une enfant à tant d'ennemis rassemblés ? Hommes plus qu'ingrats qui flétrissez par le mépris les jouets de vos passions c'est vous qu'il faut punir des erreurs de notre jeunesse. Vous et vos magistrats, si vains du droit de nous juger ! Est-il un seul état pour les malheureuses filles ? Dans les rangs même les plus élevés les femmes n'obtiennent de vous qu'une considération dérisoire. Traitées en mineures pour nos biens, punies en majeures pour nos fautes ! Sous tous les aspects, votre conduite avec nous fait horreur ou pitié !

N'est-ce pas là le féminisme en marche, Pierre-Augustin ?

Personne avant vous n'avait écrit sur ce sujet.

Peu après vous l'aborderont.

Il faudra attendre longtemps encore pour que le XXe siècle s'en avise.

15

Pierre-Augustin, j'ai osé vous dire qu'il existait entre Sacha Guitry et vous bien des points communs. Je sais que cela vous agace. Mais en voici un qui ne vous déplaira pas : la passion du travail. Elle s'exprime différemment en chacun de vous, mais elle est également dominante. Singulière chez Sacha. Plurielle chez vous. Lui, une centaine de pièces, des livres, des poèmes, des disques, tous destinés à illustrer son amour du théâtre et de la vie. Sacha n'a trouvé que ce seul moyen de lutter contre sa paresse naturelle : le travail. « Je fais tout le temps quelque chose. Car j'ai remarqué que, lorsque l'on faisait quelque chose, on ne faisait qu'*une chose* – ce qui n'est pas fatigant. Tandis que quand on ne fait rien pendant une minute ou deux, on pense alors à tout ce qu'on a à faire... et qu'on ne fait pas ! Et ça, c'est éreintant ! »

Vous, Pierre-Augustin, c'est au contraire l'extraordinaire variété de votre action qui fascine : vous ne pensez pas à tout ce que vous avez à faire. *Vous faites* ! Vous semblez vous délasser constamment d'un travail par un autre. Alors que vous vous occupez, ô combien sérieusement, de l'Amérique et de ses Insurgents, vous ouvrez les tiroirs de votre maison Hortalez & Co. à toutes sortes de projets. En voici une liste fort incomplète.

— Projet du commerce de l'Inde par l'isthme de Suez (le canal sera percé au siècle suivant).

— Projet sur un emprunt en forme de loterie d'Etat.

— Projet d'un pont à l'Arsenal.

— Projet d'un moulin à établir à Harfleur !

— Projet d'un cours de Législation criminelle !

— Projet pour améliorer la distribution de l'eau dans Paris ! Vous en devenez l'actionnaire majoritaire : ça ne mange pas de pain !

— Mémoire sur la conversion de la tourbe en charbon...

— Mémoire sur la plantation de la rhubarbe...

— Note sur l'existence civile des protestants en France. On peut y lire : « Ne peut-on pas garder pour les synodes théologiques, cette distinction entre catholiques et protestants qui divise tout ! » De nos jours, vous auriez sans doute complété cette petite note par les musulmans. Et nous savons aussi que vous avez lutté farouchement contre l'antisémitisme.

Ne parlons évidemment pas de tous les rendez-vous, sollicités et accordés, de vos voyages dans tous les ports de France pour organiser les transports des troupes et du matériel aux Insurgents – en allant très vite on met tout de même soixante heures de Paris à Bordeaux, or vous allez de Dunkerque à Nantes en passant par Rochefort, La Rochelle, Brest, etc., ajoutant pour faire bonne mesure votre intérêt passionné pour le développement scientifique ! Les premiers aéronautes, l'aviation (mais oui !) timidement naissante où Léonard de Vinci vous a cependant précédé de deux siècles ! Les montgolfières, l'isolation de l'oxygène, l'analyse et la synthèse de l'eau par Lavoisier, les premières machines à tisser ! Vous allez même jusqu'à vous pencher sur la constitution d'une Caisse nationale d'escompte qui va devenir un jour la Banque de France ! Et pour compléter ce petit tableau, on ne trouve que vous, Pierre-Augustin, pour vous occuper de la réédition des œuvres de Voltaire ! Ce ne sera pas la plus quiète de toutes vos affaires...

La Comédie-Française vient de jouer *Irène* en ce 30 mars 1778. De sa loge, Voltaire assiste à son couronnement sur scène à l'issue de cette représentation de gala. Il pleure, tant l'émotion l'étreint face à cette salle debout qui l'acclame ! C'est le triomphe du patriarche de Ferney. Il mourra deux mois plus tard. Pour profiter de cette actualité, on songe alors à rééditer ses œuvres. C'est une tradition qui va se poursuivre longtemps dans l'édition française relayée de nos jours par la télévision. Les obstacles sont nombreux. Louis XVI ne l'aime pas.

L'Eglise pas davantage. L'interdiction d'éditer Voltaire en France n'est pas levée. Pourtant l'ambition est grande : réaliser une édition de luxe en soixante-dix volumes dans le plus beau papier, avec les plus beaux caractères. Catherine II, impératrice de Russie, offre d'installer une imprimerie à Saint-Pétersbourg pour la réaliser. C'est un peu loin...

Vous admirez Voltaire, Pierre-Augustin. Voltaire vous admirait aussi. Vos possibilités financières ne sont pas négligeables. C'est un devoir de patriote, vous dit-on, que d'éditer Voltaire. Vous êtes patriote. Vous éditez Voltaire. Mais c'est toujours impossible de l'éditer en France. Qu'à cela ne tienne, Voltaire sera édité en Allemagne, à Kehl. Vous déléguez une part de vos responsabilités à un certain Le Tellier. Sa gestion va s'avérer catastrophique. Vous reprenez alors tous vos pouvoirs. Hélas... tirée à quinze mille exemplaires (c'est considérable), cette édition n'aura recueilli quelques années plus tard que l'intérêt de deux mille cinq cents souscripteurs...

Vous, l'homme d'affaires le plus avisé du siècle, vous aurez fait la plus mauvaise de votre existence. Vous reconnaissez : « Je dominais toute autre affaire. Je suis dominée par celle-ci. Mon cœur se serre chaque fois que j'y pense. » Pour vous en distraire et desserrer votre cœur, vous vous occupez conjointement de la défense des auteurs dramatiques. On ignore de nos jours à quel point, en ce temps-là, le pouvoir des sociétaires de la Comédie-

Française était dictatorial ! Ils exerçaient sur les auteurs une véritable tyrannie ! Depuis toujours et au XVIIe siècle encore, les écrivains, les poètes, les auteurs dramatiques s'honorent d'appartenir à une caste particulière. Ils s'honorent également de leur dénuement. On ne tire pas profit de sa plume : c'est insulter les Muses ! L'Etat, les rois, les princes, « les grands » sont là pour subvenir aux exigences de la vie quotidienne. Boileau écrit :

Je ne puis souffrir ces auteurs renommés
Qui, dégoûtés de gloire et d'argent affamés
Mettent leur Apollon aux gages d'un libraire
Et font d'un art divin... un métier mercenaire !

Profitant donc au XVIIIe siècle de cette « morale », les comédiens ont pris l'habitude d'acheter les pièces « au forfait » ! Telle pièce, tel prix. Ces prix diffèrent bien entendu selon la notoriété de l'auteur et l'espoir de recettes que la pièce suscite. Mais il ne dépasse jamais mille cinq cents ou deux mille livres, en tout *et pour tout*. Le malheureux auteur se débrouille tant mal que bien en dédicaçant son œuvre à un prince, un duc, une dame bien née... à qui en somme voudra bien le couvrir d'or, lui permettant ainsi de manger à sa faim ! On vend une pièce « comme on s'en va au marché vendre sa vache ou son veau » !

Racine finira ainsi sa vie dans la gêne. Et

Corneille, nous le savons, n'a tiré du *Cid* que mille livres ! Il sera plus heureux avec *Cinna*, parce qu'il dédicace cette œuvre à un riche financier, mais se retrouvera néanmoins proche du dénuement quand « son visage aura quelques traits un peu vieux »...

L'écrivain, individualiste par définition, se résigne encore en cette fin du XVIIIe siècle à cet assistanat. Si on en retrouve l'esprit de nos jours, c'est sous des formes bien différentes : prise de conscience plus ou moins doctrinaire et politique, il n'a plus rien à voir avec le respect des Muses. Il s'appelle plus souvent « subventions ».

Viendra le temps où l'auteur obtient le droit d'une participation aux recettes... déduction faite des frais occasionnés par le montage de sa pièce. On codifie cet arrangement à la fin du XVIIe siècle. Mais bien des auteurs prennent peur face au pouvoir despotique et sans nuance des comédiens. Ils préfèrent être joués... et ne rien toucher ! D'autant que mes confrères d'alors, véritables usuriers, s'y entendent pour gonfler les frais et diminuer les droits ! Sur la recette brute d'une pièce ils commencent par exemple par soustraire :

1. Les frais de représentation « ordinaire » – arbitrairement fixés à mille deux cents livres !

2. Les frais de représentation « extraordinaire ». Dans une pièce qui n'en a nul besoin, ils ajoutent des accessoires inutiles, des fanfreluches, des den-

telles, des bijoux, qui transforment bientôt tous les personnages en autant de marchandes à la toilette !

Ils déduisent en outre les frais d'abonnement (à l'année ou à vie), les prix de certains sièges de faveur – appelés de nos jours « servitude » –, le tout se montant parfois à quatre-vingts places ! Enfin ils ont encore le culot de compter dans ces frais extraordinaires le droit des pauvres – qu'ils gèrent eux-mêmes –, les frais personnels de l'auteur : un verre d'eau s'il a bu pendant les répétitions ! Ou encore le prix des chandelles, s'il en a usé pour corriger son texte !

Ces frais sont si parfaitement calculés, sans que l'auteur éperdu puisse rien contrôler, qu'un certain Lonvay de la Saussaye, auteur de *La Journée lacédémonienne*, dont la pièce a rapporté douze mille livres (brutes) en cinq représentations, se voit contraint de rembourser cent une livres, huit sols, huit deniers à la Comédie-Française, les frais ayant dépassé ses recettes !

Au faîte de votre gloire, c'est à vous Pierre-Augustin qu'on va demander de prendre les rênes en mains pour redresser le chariot. Vous qui avez déjà tant d'affaires sur les bras, vous qui vous occupez bien plus de finances que de lettres, vous qui êtes parmi les plus riches des écrivains, oui c'est à vous que le duc de Richelieu, responsable du théâtre, s'adresse pour étudier la question. Vous lui faites aussitôt observer : « Pourquoi faut-il que moi, qui n'ai fait que paraître un moment pour suivre la carrière du théâtre, je m'échauffe et travaille sans relâche pour le bien des lettres... quand ceux qui les honorent le plus par leur talent, sont froids comme glace pour ce grand intérêt ? » On a envie de vous répondre, comme aurait peut-être pu s'en aviser le duc de Richelieu :

— Parce que, bien qu'intermittent du spectacle, vous êtes Beaumarchais, Pierre-Augustin !

Cette responsabilité, vous l'ignorez encore, va occuper vos loisirs et cette activité multiple que vous aimez tant entre 1777 et 1791. Quatorze années pour mettre tout le monde d'accord ! Quelle preuve de vertu diplomatique ! Vos rapports avec mes excellents collègues de la Comédie-Française, enrichis par votre *Barbier*, de rayonnants qu'ils étaient vont peu à peu se durcir et devenir conflictuels. Le problème n'est pas simple. Il consiste pour vous à unir des auteurs dans une même organisation collective afin de mieux défendre les intérêts individuels. Et là... les difficultés commencent. Vous vous heurtez à un milieu particulier que vous connaissez, peu ou prou, qui envie votre notoriété et votre réussite. Il a bien du mal à croire à votre désintéressement. Chacun n'a jamais eu d'autre intérêt à défendre que le sien propre. Vous vous heurtez à la méfiance des uns, la peur des autres, les susceptibilités de tous. Ce qu'inlassablement vous vous efforcez d'oublier pour pouvoir avancer. « *Vivre, c'est combattre. Et combattre, c'est vivre.* » Jamais votre devise ne vous aura été aussi nécessaire à méditer. Si vous viviez en notre siècle, Pierre-Augustin, vous pourriez constater qu'à quelques nuances près rien n'a changé. Les moyens, oui. Les hommes, non. C'est peut-être d'ailleurs ce qui fait leur charme. Vous invitez donc certains de vos confrères en des termes choisis… « Si vous voulez me faire l'honneur d'agréer ma soupe [*sic*] jeudi prochain, j'espère vous convaincre… Avec mes plus hautes considérations. » On ne se bousculera pas à votre table, et votre soupe va vous paraître amère. Certains s'estiment trop vieux. La Harpe, lui, beaucoup plus jeune (surnommé « la harpie » à cause de son mauvais caractère), se récuse et vous écrit : « Il entre dans mon plan de vie de ne jamais dîner dehors ! » Il viendra « après dîner » à condition que Messieurs Sauvigny et Daurat n'y soient pas ! Vous avez beau lui faire remarquer qu'il est nécessaire de faire taire les querelles particulières, il vous répond plus rageusement encore : « Il m'est absolument impossible de me trouver avec deux hommes dont je méprise également la personne et les ouvrages ! » Il ne sera pas le seul. Querelles d'intérêt, vieilles querelles de prestige ou de préséance, vous allez devoir faire face très souvent à ce genre de folklore.

Vous devez faire face aussi et en même temps – toujours cette activité multiple – aux Américains qui refusent de vous payer ! Des pourparlers de paix sont engagés entre le gouvernement anglais et les Insurgents, l'Angleterre est vaincue. Vous vous en réjouissez mais vous êtes contraint d'écrire au Congrès, « riant d'un œil et pleurant de l'autre », que vous attendez toujours le remboursement de vos frais depuis six ans ! « Il est juste et sans danger, écrivez-vous, pour votre gloire de vous rappeler qu'un particulier en Europe a eu le courage d'épouser vos intérêts... et qu'il osa vous adresser au péril de sa santé, de sa fortune et de sa vie, les premiers encouragements que vous ayez reçus de notre continent. » Vous en « faites un peu », comme d'habitude, Pierre-Augustin, car votre santé est florissante, mais vous n'ignorez pas que le Parlement américain estime que les sommes réclamées ont été versées par la France et non par vous. Le secret réclamé lors de votre mission à Londres vous étrangle. Vous revenez donc vers les auteurs dramatiques. Diderot, champion du drame bourgeois, prend son âge pour prétexte à ne pas venir manger votre soupe. Mais il répond à votre invitation à dîner : « Vous voilà donc à la tête d'une " insurgence " des poètes dramatiques. Permettez que je m'en tienne à faire des vœux pour votre succès. Mais à vous parler vrai, je crains qu'il ne soit plus difficile de venir à bout d'une troupe de comédiens... que d'un Parlement ! » Ce n'est guère encourageant pour vous, Pierre-Augustin. Par bonheur, Chamfort vous apporte, lui, sa caution. Il trouve même le vocable utile à l'affaire : « Etats généraux de l'art dramatique. » Vous réunissez enfin vingt-deux auteurs autour d'une autre soupe à l'hôtel des Ambassadeurs de Hollande, chez Hortalez & Co, pour désigner par élection les premiers commissaires de ce bureau de « Législation dramatique », ancêtre lointain de la SACD. Première décision : toutes les séances se tiennent le matin et finissent par un dîner ! Cela met en belle humeur.

Devant cette fronde et les risques qu'elle comporte, les comédiens s'organisent et font donner la troupe : les comédiennes ! Tous charmes déployés, ces dames et demoiselles vont opérer et se manifester auprès des avocats, des procureurs et des conseillers d'Etat, et même des commissaires. Déjà quelques auteurs craquent. Alors c'est vous qu'on accuse, Pierre-Augustin ! Vous avez provoqué les divisions ! Vous en avez profité pour négocier, en secret, des accords personnels avec les comédiens ! Peu importe à chacun que dans le même temps, vous ne rentriez pas dans vos frais américains ou que plusieurs de vos frégates soient envoyées au fond du golfe de Gascogne, par la marine anglaise... dès la quatrième séance tout devient discordant ! Les « tragédistes » ne veulent plus communiquer avec les « comédistes ». Mais vous ne cédez ni aux commérages ni aux calomnies – vous en avez l'habitude. Tandis que vous triomphez en 1784 avec votre *Mariage de Figaro*, un directeur de théâtre vous apostrophe : « Monsieur de Beaumarchais ! Vous que l'on prétend si riche, comment n'appréhendez-vous pas que l'on vous taxe d'avarice, en exigeant sévèrement un paiement pour vos ouvrages ? » Vous haussez les épaules et vous continuez, des jours durant, à tenter de convaincre ! Et ce, en dépit de l'indifférence, ou de l'intérêt poli de vos vice-présidents Marmontel, Sedaine ou Saurin !

Après bien des années, un accord est enfin trouvé. Mais le projet, falsifié semble-t-il par les comédiens, est rejeté par les auteurs. Cette fois vous laissez éclater votre colère : « On ne sait ici qui l'emporte. De la bêtise ou de la malhonnêteté. C'en est assez pour moi. Qu'un autre fasse mieux. Je l'applaudirai ! »

Mais Beaumarchais vous êtes, Beaumarchais vous restez. L'ancien horloger penché patiemment sur les rouages les plus compliqués vit encore en vous ! Si toute passion se mesure aux soins et au temps qu'on apporte à la satisfaire... la fondation de cette société d'auteurs vous a passionné !

En 1791, le 13 janvier, elle est enfin créée...

L'Assemblée nationale adopte un décret abolissant le privilège dont jouit depuis plus d'un siècle la Comédie-Française ! Elle reconnaît la légitimité du droit d'auteur. Vous avez réussi contre tous les pouvoirs en place, l'inertie des uns, la mauvaise foi des autres, le bouleversement de la Révolution, à créer cette société qui va devenir la moderne Société des

Auteurs et Compositeurs Dramatiques (SACD). Elle perçoit depuis ce temps des droits qui permettent aux auteurs dramatiques de vivre. Elle s'est enrichie, de nos jours, de l'apport des auteurs de cinéma et de télévision. Merci pour eux, Pierre-Augustin.

Une petite anecdote en passant. Ce qui a été pour vous, et peut-être pour l'Assemblée nationale le fait déclenchant, c'est la lettre ahurissante que vous avez reçue, un jour, d'un entrepreneur de spectacles lyonnais : « Nous jouons votre *Mariage* parce qu'il nous fournit d'excellentes recettes [*sic*] et nous le jouerons, malgré vous, malgré tous les décrets du monde ! Je ne conseille à personne de venir nous empêcher ! Il y passerait mal son temps ! »

On n'est pas plus cynique. Vous prenez feu alors. Vous adressez aussitôt cette pétition à l'Assemblée nationale qui va la décider à suivre vos avis : « Il est bien étrange qu'il ait fallu une loi expresse pour attester à toute la France que la propriété d'un auteur dramatique lui appartient, que nul n'a le droit de s'en emparer ! *Ma propriété seule, comme auteur dramatique, est plus sacrée que toutes les autres. Car elle ne me vient de personne...* »

Cette saine colère qui s'est emparée de vous à cette occasion, Pierre-Augustin, montre à quel point l'idée qu'un écrivain ne devait pas se contenter de sa seule gloire était neuve en France. Ce droit d'auteur, que la Révolution menacera encore quelque temps, au nom de l'abolition des privilèges lors de la nuit du 4 Août, c'est votre victoire personnelle. Et quelle victoire ! Elle va se prolonger bientôt à travers toute l'Europe.

Favorablement accueillie par Louis XVI, votre défense de la propriété littéraire montre aussi à quel point, épris de liberté, heureux de voir le mot « bonheur » inscrit dans la déclaration de l'Indépendance américaine, votre activité multiple est celle d'un esprit moderne – à l'honnêteté parfois limitée – tourné vers ce qu'on appelle l'efficacité ou encore « le progrès ». A-t-elle donné à Balzac, cet autre fou de travail et d'activités multiples, l'idée de fonder, au siècle suivant, la Société des Gens de Lettres ? Ce n'est pas impossible : l'écrivain s'est définitivement éloigné de Boileau et de ses *Sentences*...

Sans complexe et prenant la présidence de cette société, Balzac s'écrie : « Venons-en au solide. Parlons argent. » A n'en pas douter, vous avez fait école, Pierre Augustin !

16

Un étourdi demandait un jour à Ionesco, et de façon fort intéressée :

— Maître, quelle est la difficulté essentielle pour un auteur qui a écrit une pièce, et qui...

— La faire jouer ! interrompit l'auteur des *Chaises* et de *La Leçon*. Un mois pour l'écrire. Onze pour la produire !

Décontenancé, l'étourdi resta sans voix. Peut-être calculait-il déjà que, ayant pondu la sienne en quatre mois, il lui faudrait en attendre quarante-quatre pour la voir jouée !

— Oh ! pas vous... maître, finit-il par articuler.

Ionesco ne lui répondit pas. Reparti vers le rêve, il laissait l'étourdi à ses interrogations. Mais dans son regard de vieil Auguste, rigolard malgré l'angoisse et le temps, on pouvait lire que pour lui, comme pour les autres, « être joué » reste la difficulté essentielle. Pierre-Augustin, vous qui avez tant attendu avant de l'être, vous voudrez bien m'accorder que « plus ça change et plus c'est la même chose »... On croit toujours que c'était mieux avant, ou que ce sera mieux après, sans doute pour se masquer les vicissitudes de l'heure présente.

Vous commencez à écrire votre *Mariage* en 1778 : vous ne serez joué qu'en 1784 ! Lu, relu, revu et corrigé, votre chef-d'œuvre va vivre six années de soins attentifs et d'espérances déçues avant que ne vienne, enfin, l'heure de régler vos comptes. Car c'est bien de cela qu'il s'agit. Et c'est le petit horloger de la rue Saint-Denis qui va se charger de les régler, ces comptes. C'est lui qui s'exprime sur la scène de la Comédie-Française en ce 27 avril 1784. Devenu grand, il se laisse aller à l'ironie, au chagrin et à la colère devant cette aristocratie qui depuis des années le refuse, en dépit de tout. Serviteur zélé d'une monarchie qu'il a protégée des scandales, tant à Londres qu'à Paris, Vienne ou Amsterdam, c'est celui qui a appris – et beaucoup retenu – les affaires et la politique. Celui qui parle aux ministres et aux rois. Celui qui les a instruits sur la révolte des Insurgents d'Amérique, les a incités à intervenir et leur a montré où était l'intérêt économique et historique de la France (sans jamais négliger le vôtre, bien entendu, Pierre-Augustin). C'est aussi le créateur, éditorialiste du *Courrier de l'Europe*, celui des procès, des Mémoires, celui qui a connu la gloire mais aussi la prison. De nos jours, Pierre-Augustin, porté par votre sourire, votre charisme, une popularité à son zénith et votre savoir-faire, vous seriez le favori des sondages et à n'en pas douter un élu du peuple ! On imagine sans peine des pancartes « Beaumarchais président ! » portées à bout de bras par vos partisans, scandant votre nom avec la force que donne l'espérance à tout nouvel élan politique et les certitudes qu'on croit lire sur un visage nouveau. Chaque époque a de tels visages. Nous avons le nôtre : Bernard Tapie. Vous ne connaissez pas ? Tant pis. Avec ou sans Bernard Tapie revenons sur scène. Place au théâtre...

En cette soirée du 27 avril 1784, ce n'est pas le peuple qui vous élit, Pierre-Augustin. Ce sont les plus grands noms de France. Ceux qui assistent à votre première sont précisément ceux « *qui se sont donné la peine de naître et rien de plus !* » et qui s'enchantent des mots, de l'allégresse, du rythme de votre *Folle Journée*. Comme tous les publics, de toute éternité, celui-là aussi aime qu'on satirise avec esprit ses défauts pourvu qu'on le fasse rire en lui parlant de lui ! Ils acceptent – que dis-je –, ils dégustent avec bonheur vos répliques les plus cinglantes, comme destinées à d'autres ! En cette première historique où 1789 est encore à des années lumière de tous les esprits, *ceux qui vont mourir vous saluent*, Pierre-Augustin ! Vous l'avez attendue cette soirée, c'est vrai, mais elle ne vous déçoit pas, tant votre triomphe s'affirme d'acte en acte.

Que s'est-il donc passé pendant ces années d'attente ?

Sedaine vous a lu le premier. Dès 1781. Quelques conseils par-ci, quelques réticences par-là. Le tout résumé par « n'écoutez que vous-même ! » pour finir en « j'aime bien ». La confraternité traditionnelle, quoi ! Suffisante réaction pour présenter votre *Mariage* devant le comité de lecture de la Comédie-Française. Après votre succès du *Barbier* en 1775, les portes vous en sont largement ouvertes. D'autant plus qu'en ce mois de septembre 1781 les vaches sont maigres et les recettes bien molles. Vous êtes reçu à l'unanimité. On vous offre même de prendre la place de l'auteur d'un sombre drame, *La Discipline militaire du Nord*, dont le côté tordant a pu échapper à l'attention de quelques sociétaires ensommeillés. Chevaleresque, vous refusez. Prendre le tour d'un confrère ? Jamais. Fatale erreur : elle vous recule de trois ans !

Glissons sur les événements qui ornent ces trois années. Vous les connaissez. Des procès gagnés, le message de gratitude que vous adresse le Congrès américain – mais pas d'argent –, les œuvres de Voltaire revues, corrigées elles aussi et éditées, les tractations laborieuses de la Société des Auteurs, la lecture du *Mariage* au roi et à la reine, par Madame Campan, et la première interdiction : « Cela ne sera jamais joué, il faudrait pour cela détruire la Bastille ! »

Glissons aussi sur la volonté de Catherine II dont le grand-duc de fils a pu assister à une de vos lectures en mai 1782. Subjuguée par la réaction enthousiaste du futur Paul Ier, la tsarine s'offre à monter la pièce à Saint-Pétersbourg. Cette fois, c'est votre cœur de patriote qui s'oppose. Avant Paris ? Jamais ! J'ai eu, moi, plus de chance que la tsarine. J'ai pu jouer votre *Mariage* en 1964 dans la capitale impériale devenue, entre-temps, Leningrad ! Mais je crois vous l'avoir déjà dit.

Glissons alors sur les événements intérieurs : la mort de Maurepas, votre meilleur soutien, la démission de Necker, indifférent au théâtre, la présence de Rochambeau (en Amérique), celle de De Grasse à la Martinique (c'est ça qu'est chic !) ou de Suffren... aux Indes ! En France, « tout va très bien Madame la marquise », dans le meilleur des mondes possible selon Voltaire. Laclos vient d'écrire ses *Liaisons dangereuses.* Six censeurs ont été nommés les uns après les autres pour juger de votre *Mariage.* Le premier, Coqueley de Chaussepierre, a l'imprudente coquetterie de placer un tréma sur le « u » de son Coqueley. Si bien que vous ne l'appelez que *Cocu* de Chaussepierre. Dans l'ignorance de cette petite diffamation, il vous a donné un avis favorable. D'autres ont été requis, infiniment moins indulgents à votre égard, dont l'un, Suard, agit sur ordre du roi : refus net. Et pourtant, entre deux voyages Paris-Londres et quelques lectures, vous apprenez que les sociétaires de la Comédie-Française ont obtenu l'autorisation de jouer *Le*

Mariage de Figaro à huis clos ! Mais pas dans leur théâtre. On cherche une salle. On la trouve : celle des Menus-Plaisirs (c'est la salle du Conservatoire national d'art dramatique actuel, rue Bergère à Paris). Le secret a été bien gardé. La salle est pleine. Hélas ! Deux heures avant que le rideau ne se lève, l'interdiction tombe : pas de représentation. Louis XVI a développé sa pensée à votre égard : « Cet homme déjoue tout ce qu'il faut respecter dans un gouvernement. » Lui aussi – tout comme vous Pierre-Augustin – a compris que le théâtre pouvait être une tribune. On vous supprime. Aussitôt la nouvelle se répand. La mauvaise foi s'ajoute à la passion. La rumeur s'enfle sur les libertés bafouées. Quelle pub !

Les jours passent...

On tente alors de persuader le roi qu'une représentation « entre amis » chez le comte de Vaudreuil ne peut pas porter atteinte à la monarchie. Et, bien qu'il ait précisé à son garde des Sceaux, Miromesnil, que « le censeur ne doit en permettre ni la représentation, ni l'édition », le roi, sous la pression de son frère le comte d'Artois, mortifié par le raté des Menus-Plaisirs dont il était l'initiateur, aidé par la duchesse de Polignac et surtout sur « l'aimable insistance » de la reine, cède !

Le Mariage sera donc représenté – en privé – pour la première fois chez le comte de Vaudreuil dans sa maison de campagne à... Gennevilliers !

(Depuis, la campagne aussi a changé.) Pauvre Marie-Antoinette, elle sera contrainte de trouver un prétexte pour ne point assister à la soirée. Vous aviez affirmé : « Ma pièce sera jouée coûte que coûte, fût-ce dans le chœur de Notre-Dame », elle l'est à Gennevilliers. Le bateau est lancé. Mais vous avez compris qu'il vous faut revoir certains aménagements intérieurs. Le passage devant un public a toujours ses richesses, Pierre-Augustin. L'épreuve du feu à Gennevilliers vous est donc bénéfique : vous reprenez vos lectures. Avec vous, elles sont un spectacle.

Vous les commencez en général comme un conte de fées : « Il était une fois... un jeune auteur dramatique qui avait écrit une pièce. Il soupait dans une maison. Il fut invité à lire son ouvrage. Il refusa. On insista. Il refusait toujours. On l'accusa de coquetterie. C'est vrai, dit-il, mais voyez les femmes : elles subissent le même sort que les auteurs. On les presse d'un désir furieux. Et l'amant, à peine a-t-il obtenu ce qu'il voulait, s'en va répandre qu'après tout... elle ne valait pas la peine qu'il s'est donnée ! Il en est de même pour les ouvrages. Et cependant, ajoutiez-vous alors..., le jeune auteur fit comme les belles. Il céda au désir. Et il lut. Et on le critiqua ! Je vais en faire de même. Je vais vous lire. Et vous me critiquerez. »

Chacun de se récrier après ce petit intermède tandis que vous dénouez les rubans roses qui attachent les feuillets de votre manuscrit. Et un jour...

devant le baron de Breteuil, secrétaire d'État de la Maison du roi, qui a réuni autour de Chamfort les premiers censeurs et quelques mondaines filles de ministres ou autres dames sensibles à vos charmes, vous lisez, Pierre-Augustin. Vous vous contentez cette fois d'une simple remarque avant d'entamer votre lecture :

— La pièce que vous allez entendre ne mérite ni les éloges, ni les blâmes qu'on en a faits.

Vous êtes un admirable lecteur, Pierre-Augustin. On en redemanderait. Toujours très utiles, ces lectures à haute voix. A travers les silences ou les réactions de chacun, on perçoit l'intérêt ou l'ennui. Un fauteuil qui craque, une bougeotte inattendue, une gorge qu'on râcle sont autant de signes avertisseurs. Après Gennevilliers et ses lectures, vous allez comprendre qu'il serait préférable de faire passer l'action de votre pièce à l'étranger. En ce cas, pourquoi pas l'Espagne ? Le château de Fraîche-sur-Fontaines où réside les « Almaviva » devient le château d'Aguas-Frescas, à trois lieues de Séville. L'esprit à l'affût, vous modifiez aussi le texte du cinquième acte. Un mot essentiel est supprimé au milieu du monologue : « Sitôt je vois du fond d'un fiacre baisser pour moi *le pont de la Bastille*, à l'entrée duquel je laissais l'espérance et la liberté. » Ce pont de la Bastille devient : « Sitôt je vois du fond d'un fiacre baisser pour moi le pont *d'un château fort*, à l'entrée duquel je laissais l'espérance et la liberté. »

C'est moins percutant mais plus prudent. Vous coupez aussi quelques répliques que seuls les spectateurs de Gennevilliers auront entendues. Au premier acte Figaro salue Bartholo d'un :

— Hééé Hééé... bonjour cher docteur de mon cœur, de mon âme et autres viscères...

Vous coupez âme et viscères : on s'en passe aisément.

Au deuxième acte, Suzanne révèle à la comtesse les audaces de Chérubin à son endroit.

— Est-ce qu'on peut faire finir ce petit démon-là ! Parce qu'il ne peut rien baiser de Madame, il voudrait toujours me baiser quelque chose.

Cette réplique se transforme pudiquement en :

— Parce qu'il n'oserait seulement baiser la robe de Madame, il voudrait toujours m'embrasser, moi !

C'est une formule plus ajustée aux éventuelles curiosités de la jeunesse des lycées et collèges.

— Dites donc, Piat !

— Oui... Pierre-Augustin ?

— Vous allez continuer encore longtemps à nous raser avec tous ces détails ?

— Comment cela... vous raser ? Quels détails ?

— Vous ne pourriez pas arriver plus vite à la création de ma pièce ! Puisque vous l'avez jouée. Je me demande comment d'ailleurs...

— Mais... pas mal, Pierre-Augustin !

— Tout ce temps perdu à parler de mes difficultés, parlez donc de ma pièce, mon vieux !

— Vous m'avez interrompu, Pierre-Augustin, j'allais précisément dire qu'après cette lecture face au tribunal Breteuil, cette fois « ça bouge » ! Votre lecture a été magique. Le charme a opéré. Et le roi accorde l'autorisation de représenter votre *Mariage de Figaro* à la Comédie-Française.

— Ha ! Ha ! J'ai bien ri, ce jour-là.

— Oui ! Cherchez la femme… la reine a persuadé le roi ! Et le 27 avril 1784…

— Ah ! quel événement ce fut !

— Certes. Le *Mariage* est une des plus grandes dates de l'histoire du théâtre en France !

— C'est vrai !

— Vous dépassez en retentissement la première du *Cid* et la querelle qui a suivi, accusant Corneille de plagiat.

— C'est vrai. Mais là vous ne m'apprenez rien. Je suis au courant.

— Vous dépassez aussi la violence d'*Hernani* où deux mondes se sont alors affrontés : les romantiques chevelus et les classiques à poil ras. « Deux civilisations même », précise Théophile Gautier.

— Qui ?

— Théophile Gautier. Homme de lettres et poète : « Mars qui rit, malgré les averses – Prépare en secret le printemps », c'est lui.

— Connais pas !

— C'est à lui pourtant que Baudelaire a dédié ses *Fleurs du mal*.

— Ecoutez, Piat ! Fichez-moi la paix avec Théophile et Baudelaire. Parlez-moi de mon *Mariage de Figaro !*

— J'en parle, Pierre-Augustin. J'en parle. Habilement vous présentez votre pièce avec une modestie qui rassure.

— Ha ! Ha ! Je me suis bien amusé en l'écrivant. « Demandez le programme ! »

— On peut y lire : « La plus badine des intrigues. Un grand seigneur espagnol amoureux d'une fille qu'il veut séduire et les efforts que cette fiancée, celui qu'elle doit épouser et la femme de ce seigneur *réunissent* pour faire échouer dans son dessein un maître absolu, que son rang, sa fortune et sa prodigalité rendent tout-puissant pour l'accomplir. Voilà tout. Rien de plus. La pièce est sous vos yeux... » On a le sentiment que vous écriviez cela pour une assemblée de prélats !

— Ha ! Ha ha ha ! Que voilà un excellent résumé.

— Oui. Moitié protestant moitié catholique, il est un peu jésuite votre résumé, Pierre-Augustin. Comment peut-on parler de votre pièce comme d'un règlement de comptes en lisant cela ?

— Et pourtant, c'est bien de cela qu'il s'agit.

— J'en suis bien convaincu, Pierre-Augustin.

— Dès 10 heures du matin, une foule immense était là pour y assister. On se presse, on court, on renverse ! Quatre mille personnes, selon la police !

— Euh... davantage selon les organisateurs, Pierre-Augustin. A midi les grilles cèdent sous la pression de la foule. On va dégager trois morts de cette horrible cohue.

— Mon Dieu, mais je ne l'ai jamais su !

— C'est pourtant ainsi que le spectacle commence à l'extérieur, par ce lamentable accident. Vous qui ne détestiez ni le bruit ni le scandale, vous étiez servi !

— Piat ! Je vous interdis de me parler ainsi !

— Par bonheur, à l'intérieur le spectacle est moins tragique ! C'est un cliquetis d'assiettes, de fourchettes, de bouteilles débouchées, raconte Fleury, votre illustre confrère, dans ses *Mémoires*.

— Et mon assistant à la mise en scène ! Le « sanctuaire » est devenu cabaret. Trois cents personnes dînent dans les loges des acteurs et des actrices. Assurés d'être ainsi les premiers à accéder à leurs places dans la salle.

— Vous vous contentez paraît-il, vous, d'assister à la représentation installé au fond d'une loge grillée après avoir dîné en compagnie de deux prêtres ! Est-ce au cas où vous auriez eu besoin de vous confesser avant d'être exécuté ?

— Ma foi...

— Vous les avez avertis : « J'ai conçu cet enfant dans la joie. Plaise au ciel que j'en accouche sans douleur. »

— Et j'ai aussitôt ajouté : « En cas de mort, administrez-moi les secours spirituels. » Une des grandes nouveautés de cette soirée, voyez-vous mon petit Piat, en dehors de ma pièce, bien entendu, c'est que le public est assis au parterre de cette nouvelle Comédie-Française.

— Nouvelle ?

— Oui, nouvelle : votre Odéon actuel. L'éclairage aussi était nouveau. Ce sont des quinquets qui éclairaient la scène en place de chandelles. Les décors somptueux et les costumes que j'avais choisis avec soin étaient ainsi merveilleusement mis en valeur.

— Puis-je vous conter une anecdote, Pierre-Augustin ?

— Encore !

— Oui, encore. Le costume bleu nuit ayant appartenu à Molé, votre Almaviva de la création, existait encore de mon temps. C'est Jean Weber, délicieux Almaviva d'alors, qui le portait au quatrième acte du *Barbier de Séville* quand j'y ai fait mes débuts officiels en février 1948.

— Ce n'est pas Dieu possible !

— Eh si !

— Quelle étoffe on fabriquait alors !

— Eh oui !

— Eh bien ! une anecdote en vaut une autre, mon cher. Malgré la somptuosité des décors et la qualité des costumes, les frais ordinaires et extraordinaires de la représentation ne dépassaient pas six cents livres. J'avais veillé au grain. Vos petits copains usuriers n'en revenaient pas !

— Oh, j'imagine très bien que vous ayez été attentif, Pierre-Augustin !

— Exact. Le lever du rideau avait été fixé à 17 heures. Dès 16 h 30, la salle était archicomble.

— Et l'ambiance était électrique.

— J'ignore ce que vous voulez dire par là. Mais faute de place, certains grands étaient assis sur des marches ou même dans les allées des balcons, sur des tabourets.

— Ils ne pouvaient pas voir grand-chose.

— Non. Mais ils pouvaient dire ensuite : « J'y étais ! »

— C'était là l'essentiel. Le spectacle est souvent dans la salle les soirs de première.

— L'assistance était éblouissante, mon cher. Si vous aviez pu voir ces bijoux et ces robes... de la belle princesse de Lamballe jusqu'à la marquise d'Andlau, de Madame de Châlons à la duchesse de Polignac, la duchesse de Lauzun, la princesse de Chimay, Madame de Matignon, maîtresse de l'évêque de Pamiers...

— Non !

— Eh si ! Vous n'inventez pas le progrès, mon cher ! Il y avait aussi Madame de Simiane, la comtesse Balbi qu'admirait le comte d'Artois, la duchesse de Bourbon, Madame d'Estournel. Chacun avait payé sa place jusqu'à quinze et vingt fois le prix ordinaire. Des princes et princesses du sang jusqu'aux chevaliers du Saint-Esprit au coude à coude avec le petit peuple !

— On sait que vous ne faites pas crédit, en bon commerçant. Et la recette ?

— Nous sommes entre artistes, Piat ! Ne parlons pas de cela.

— Je peux vous la révéler quand même, Pierre-Augustin. Elle s'élève à près de six mille livres ! Pourquoi avez-vous proclamé, la soirée achevée, que ce qui vous a paru le plus fou de cette première série de représentations, c'est son succès ?

— Excès de modestie, mon cher.

— Ce n'est pas dans vos habitudes.

— Chacun a ses moments de faiblesse. Savez-vous que dans ce théâtre d'alternance qu'est votre Comédie-Française j'ai été joué dans l'année soixante-huit fois de suite ?

— C'est énorme pour l'époque. Les archives précisent que vous avez retiré quarante mille livres de droits, tandis que la Comédie-Française a fait avec vous trois cent cinquante mille livres de recette ! Soit le tiers de ses profits pour la saison 1784-1785. Vous en étiez si heureux que vous avez abandonné vos droits cette année-là à une œuvre des « Enfants sans nourrice ».

— Comment savez-vous tout cela ?

— C'est dans les archives de cette Société des Auteurs que vous avez créée, Pierre-Augustin.

— C'était un geste élégant, non ?

— Apparemment, oui.

— Il allait me coûter cher.

— Cela posé, avez-vous tué la noblesse comme l'a dit Danton avant d'être raccourci par Monsieur Guillotin ?

— A vous de juger, mon cher.

— Puis-je alors me permettre de rappeler les principales répliques qui laissaient penser cela ? Au risque de vous raser, peut-être ?

— Je vous en prie, Piat, oubliez cela. Le mot m'a échappé. Vous ne me raserez jamais en citant mes répliques.

— Alors, avec votre permission. Commençons par la scène V de l'acte III entre le comte et Figaro.

LE COMTE

Les domestiques ici sont plus longs à s'habiller que les maîtres !

FIGARO

C'est qu'ils n'ont point de valet pour les y aider...

— Si l'on songe, Pierre-Augustin, qu'en vertu du droit de cuissage le comte veut coucher avec Suzanne – ce que Figaro sait parfaitement alors que le comte se demande s'il est au courant –, ces répliques et les suivantes prennent une force et une saveur particulières.

— Lisez-les, Piat, lisez-les !

— Je lis, Pierre-Augustin, je lis !

LE COMTE

Pourquoi faut-il qu'il y ait toujours du louche en ce que tu fais ?

FIGARO

C'est qu'on en voit partout quand on cherche des torts.

LE COMTE

Une réputation détestable !

FIGARO

Et si je vaux mieux qu'elle ? Y a-t-il beaucoup de seigneurs qui puissent en dire autant ?

— On imagine aisément les « oh ! » de désapprobation ou au contraire les rires éclatants et les regards tournés vers ceux à qui ces mots sont destinés.

— Au théâtre, mon cher, ce sont toujours « les autres » qui sont concernés. « La paille et la poutre. » Continuez mon petit Piat, continuez.

LE COMTE

Avec du caractère et de l'esprit, tu pourrais un jour t'avancer dans les bureaux.

FIGARO

De l'esprit pour s'avancer ? Monseigneur se rit du mien. Médiocre et rampant, et l'on arrive à tout.

LE COMTE

...Il ne faudrait qu'étudier un peu sous moi la politique...

FIGARO

Je la sais.

LE COMTE

Comme l'anglais : le fond de la langue !

FIGARO

Oui. S'il y avait ici de quoi se vanter. Mais... feindre d'ignorer ce qu'on sait, de savoir ce qu'on ignore, d'entendre ce qu'on ne comprend pas, de ne point ouïr ce qu'on entend, surtout de pouvoir au-delà de ses forces ! Avoir souvent pour grand secret de cacher qu'il n'y en a point, s'enfermer pour tailler des plumes et paraître profond quand on n'est, comme on dit, que vide et creux. Jouer bien ou mal un personnage. Répandre des espions et pensionner des traîtres. Amollir des cachets, intercepter des lettres, et tâcher d'ennoblir la pauvreté des moyens par l'importance des objets : voilà toute la politique, ou je meurs !

LE COMTE

C'est l'intrigue que tu définis.

FIGARO

La politique, l'intrigue, volontiers, mais comme je les crois un peu germaines, en fasse qui voudra.

— Je ne sais pas si *Le Mariage*, « c'est la révolution en action », ainsi que le disait Napoléon, mais quelle moderne leçon de choses, Pierre-Augustin.

— Ne vous interrompez donc pas tout le temps, Piat ! Lisez, lisez !

— Oui. Pardon. Mais permettez-moi néanmoins de vous dire que toutes ces rosseries, cette liberté de langage à l'égard du comte ne sont que le début de vos audaces envers cette aristoratie que vous avez servie. Plus tard, vous écrivez, sans vous soucier d'avoir le théâtre pour tribune : « *C'est le tiers-état qui fournit tous les grands hommes. C'est du tiers-état, de l'état mitoyen entre la populace et la haute noblesse, que sortent les arts, les lumières et toutes les grandes idées utiles à l'humanité.* » Vous l'avez écrit cela !

— Et alors ? Vous y trouvez à redire ?

— Non. Mais pourquoi ne pas l'avoir noté dans la pièce ?

— Parce que je voulais que mon impertinence reste gaie. Relisez ma préface. Elle explique comment, sous un roi juste et des ministres modérés, l'écrivain peut sans craindre de blesser personne ouvrir la voie à des réformes désirables.

— Mais toutes les dames assises dans la salle au soir de la première, et les hommes qui les accompagnent, auront quelques années plus tard toutes les raisons de ne pas l'approuver, votre impertinence gaie ! Y compris vous... Bien des têtes ont été tranchées !

— Si vous faites allusion à mes démêlés avec la Révolution, ils avaient d'autres motifs, croyez-moi. Nous verrons cela plus tard, mon petit Piat. Continuez donc votre lecture. Sautez le procès du troisième acte puisque vous avez peur de me raser, et d'ailleurs il n'intéresse que les spécialistes. Venez-en au monologue. Et dites-vous bien que dans cet ouvrage que j'ai écrit et que je défends, « je ne me suis point attaqué aux états mais aux abus de chaque état ! Les abus seraient-ils donc si sacrés qu'on n'en puisse attaquer aucun ? Mes hardiesses sont des maximes réfléchies, aussi justes qu'encourageantes. » Lisez le monologue, et ne perdons plus de temps, Piat.

— Je l'ai déjà abondamment cité, Pierre-Augustin, votre monologue.

— Est-ce une raison pour ne pas y revenir ? Oubliez Mahomet et les princes mahométans, à qui nous déplaisons et dont pas un ne sait lire, mais ne craignez pas de faire mention d'autres pointes. Rappelez-vous ce que vous jouiez, mon petit Piat. Je vous écoute.

FIGARO

Non monsieur le comte, vous ne l'aurez pas. Vous ne l'aurez pas ! Parce que vous êtes un grand seigneur vous vous croyez un grand génie. Noblesse, fortune, un rang, des places, tout cela rend si fier. Qu'avez-vous fait pour tant de biens ? Vous vous êtes donné la peine de naître. Et rien de plus ! Du reste, homme assez ordinaire. Tandis que moi, morbleu, perdu dans la foule obscure il m'a fallu déployer plus de science et de calculs pour subsister seulement qu'on en a mis depuis cent ans à gouverner toutes les Espagnes ! Et vous voulez jouter !

— Vous lisez cela très bien, mon petit Piat. Continuez...

— Merci, Pierre-Augustin.

FIGARO

Que je voudrais bien tenir un de ces puissants de quatre jours, si légers sur le mal qu'ils ordonnent, quand une bonne disgrâce a cuvé son orgueil. Je lui dirais que les sottises imprimées n'ont d'importance qu'aux lieux où l'on en gêne le cours. Que sans la liberté de blâmer il n'est point d'éloge flatteur. Et qu'il n'y a que les petits hommes qui redoutent les petits écrits !

— Gaie ou pas, cette impertinence-là ne pouvait guère amuser le roi, Pierre-Augustin ! Même si le journal *Le Figaro* en a fait partiellement sa devise.

— Piat ! Vous m'agacez avec vos interruptions !

— Pardon...

FIGARO

...Il s'est établi dans Madrid un système de liberté... qui s'étend même à celle de la presse. Et que, pourvu que je ne parle en mes écrits ni de l'autorité, ni du culte, ni de la politique, ni de la morale, ni des gens en place, ni des corps en crédit, ni de l'opéra, ni des autres spectacles, ni de personnes qui tiennent à quelque chose... je puis tout imprimer librement ! Sous l'inspection de deux ou trois censeurs. Pour profiter de cette douce liberté, j'annonce un écrit périodique et croyant n'aller sur les brisées d'aucun autre, je le nomme *Journal inutile.* Je vois s'élever contre moi mille pauvres diables à la feuille. On me supprime. Et me voilà derechef sans emploi ! Le désespoir m'allait saisir ; on pense à moi pour une place mais par malheur j'y étais propre : il fallait un calculateur, ce fut un danseur qui l'obtint !

— C'est bien dit, non ?

— Pierre-Augustin, vous n'êtes peut-être qu'un auteur par amusement et on devine votre jubilation en écrivant ces répliques, mais vous vous étiez déjà fait la main avec *Le Barbier* : « Un grand nous fait assez de bien quand il ne nous fait pas de mal » ; ou encore : « Aux vertus qu'on exige dans un domestique, Votre Excellence connaît-elle beaucoup de maîtres qui fussent dignes d'être valets ? » C'était déjà prendre de grands risques. En tout cas, celui de déplaire !

— Mon cher... les Anciens disaient : « Contre la peur, un seul remède : le courage. »

— Belle sentence...

— Oui. Pensez bien qu'un de mes censeurs a déclaré que ma pièce ne peint rien de ce qui existe ! Que les mœurs que j'y dénonce n'ont pas même le mérite d'être vraies ! Je conviens qu'à la vérité les générations passées ressemblaient beaucoup à ma pièce, que la génération future lui ressemblera aussi, mais que pour la génération présente... elle ne lui ressemble aucunement. C'est ce que je m'amusais à déclarer dans ma préface, et j'espérais bien qu'après cette déclaration... on me laisserait tranquille.

— Mais qui était donc ce censeur ?

— Le quatrième, je crois, ou le second. Un certain Suard, membre de l'Académie française ! Un homme de bien, auquel il n'a manqué qu'un peu d'esprit pour être un écrivain médiocre !

— Vous ne pouviez pas espérer, Pierre-Augustin, vous faire des amis après de telles railleries ?

— Non, certes. Mais elle est de tous les temps, mon cher, cette opposition entre ceux qui créent et ceux qui jugent. Il faut tenter de ne point trop en souffrir. Rappelez-vous Boileau disant à Molière :

Laisse gronder tes envieux !
Ils ont beau crier en tous lieux
Qu'en vain tu charmes le vulgaire
Que tes vers n'ont rien de plaisant
Si tu savais un peu moins plaire,
Tu ne leur déplairais pas tant !

Voyez-vous, Piat, pour me faire pardonner le triomphe du *Mariage de Figaro*, j'ai compris, hélas trop tard, qu'il aurait fallu que je laisse courir le bruit que j'étais atteint d'une maladie mortelle. Je n'aurais eu alors que des amis...

— Oh ! Pierre-Augustin ! Vous, amer ?

— Non pas ! Lucide, mon cher.

17

— Décidément, Pierre-Augustin, vous ne faites rien comme tout le monde...

— Pourquoi dites-vous cela ?

— Vous citez Boileau conseillant Molière : « Laisse gronder tes envieux... » Et vous n'avez pas arrêté de souffrir de leurs sentences. Et surtout d'y répondre ! C'était sot. Vous savez bien qu'on ne persuade jamais personne d'avoir raison. « Prouver que j'ai raison serait accorder que je puisse avoir tort », s'exclame Suzanne dès les premiers mots du *Mariage*.

— Mon cher, je ne suis pas Molière.

— Certes, mais...

— Mais je suis Beaumarchais !

Vous aviez affirmé cela avec une force singulière. Comme pour vous rassurer.

— Vous aviez à ce point le triomphe dérangeant ?

— Moi ?

— Tous vos biographes l'attestent. Pourquoi ne pas avoir écouté Suzanne !

— Comprenez-moi bien, Piat ! Je n'avais qu'une

crainte lors de la création du *Mariage*. Une seule ! Mais pas celle qu'on me reprochait.

— Laquelle ?

— La longueur effrayante de mon monologue. J'avais sollicité les conseils de mon avis Préville...

— Le créateur de Figaro, du *Barbier ?*

— Oui. Il m'a aidé à couper, remanier, recouper... Il me l'a même joué un soir. Ce qui m'a été infiniment précieux. Il disait admirablement mon texte ! Hélas, il était trop vieux pour me créer.

— Vous voyez que c'est parfois utile les acteurs ! Même trop vieux.

— Mais je ne le nie pas. Je suis plus modeste que vous ne semblez le croire.

— Ça...

— Quoi, « ça » ?

— Rien !

— Bref... on affectait de ne voir dans ma pièce que son immoralité ! C'était exaspérant ! Alors que j'y dénonçais la politique, les abus, les injustices, on ne me parlait que de morale, de décence ! Dès la cinquième représentation, on a lancé du haut des cintres de la Comédie-Française des centaines de petits bouts de papier sur lesquels on pouvait lire :

Je vis hier du fond d'une coulisse
L'extravagante nouveauté
Qui, triomphant de la police,
PROFANE des Français le spectacle enchanté.

Profanateur ! Moi ! C'était tout de même insultant, non ?

— Ce n'était pas très méchant.

— On voit bien que ce n'est pas vous qui avez écrit la pièce.

— Croyez bien que je le regrette, Pierre-Augustin.

— Voulez-vous me dire ce qu'est la décence au théâtre ?

— Ma foi...

— A force de nous montrer délicats, nous allons devenir des bégueules rassasiées ! Incapables de nous amuser ! Prenons-y garde ! Où commence et où finit, selon vous, la franche gaieté ? Si au moins *Le Journal de Paris* avait relaté le scandale des petits bouts de papier, j'aurais bénéficié de cette réclame ! Mais rien ! Pas un mot. Le silence total. Je le leur ai vertement reproché !

— Au nom de la liberté de la presse...

— Foutaise ! Ce même journal avait publié sur moi un petit distique ravageur à propos d'une représentation donnée au profit des « mères nourrices » :

Il paie du lait aux enfants
Et donne du poison aux mères !

— Là encore, ce n'était qu'un peu d'ironie. Pas de quoi fouetter un chat !

— Détrompez-vous ! C'était le commencement d'une campagne en règle ! Comme si j'avais commis un crime, en ayant du succès !

— Un crime, non. Mais vous attaquiez néanmoins une partie importante de la société de votre temps.

— Et alors ? C'était immoral ? Savez-vous que le roi de Suède, lui aussi épris de liberté, m'avait écrit son approbation ? Le roi de Suède, mon petit Piat !

— A propos du *Mariage ?*

— A propos du *Mariage* ! Oui ! qu'il avait lu, lui ! Et loyalement ! Contrairement à Suard ! Car toute cette boue, ces insultes me venaient de lui !

— Suard... l'académicien ?

— Non, son frère ! Un misérable petit curé...

— Téléguidé par l'académicien ?

— Téléguidé... quel est ce mot ?

— Pardon ! Je veux dire... renseigné, animé.

— Animé, oui !

— Que n'avez-vous alors imité Molière, Pierre-Augustin. Attaqué sur sa vie privée par un certain Boursault, auteur dramatique, accusé ouvertement d'inceste, ce qui était horrible. Molière répond lui aussi, mais dans une pièce !

— Laquelle ?

— *L'Impromptu de Versailles*. Relisez-la, vous verrez. « Monsieur Boursault m'attaque de gaieté de cœur *pour se faire connaître de quelque façon que ce soit...* » et me détourner, par cet artifice, des autres ouvrages que j'ai à faire... écrit Molière. Suard n'avait pas d'autre but. Et il y a réussi !... Et Molière ajoute : « *Je ne prétends faire aucune réponse...* », etc.

— Mon cher, je vous l'ai dit déjà, je ne suis pas Molière. Et en ce temps j'avais bien d'autres affaires sur les bras.

Ces affaires auxquelles Pierre-Augustin venait de faire allusion et qui lui rendaient l'humeur chagrine avaient noms Mirabeau, Bergasse, Kornman. Elles étaient liées entre elles et partaient d'un fait divers qui, de nos jours, aurait alimenté les gazettes spécialisées.

Premièrement, sur la demande du cardinal de Rohan – qui, plus tard, va devoir faire face à l'affaire du collier de la reine –, Beaumarchais a vérifié quelques années auparavant les comptes de l'hôpital des Quinze-Vingts. Il s'est aperçu de nombreuses malversations dues au responsable financier : Kornman !

Deuxièmement, ce Kornman a fait jeter en prison, par une lettre de cachet, son épouse enceinte qu'il accuse d'adultère ! Or – petit détail utile à la compréhension – c'est lui, le mari, qui a poussé l'une dans les bras de l'autre... afin de faire chanter les deux ! Et ainsi, de l'amant, jeune, beau et riche, tirer le maximum d'argent et, de sa femme, empocher la dot !

Attendri par l'histoire d'amour du beau jeune homme et de la dame, Pierre-Augustin se laisse convaincre par des amis communs de prendre la défense de l'épouse ! Pourquoi lui ? Parce qu'il est Beaumarchais tout simplement, et que son ami le prince de Nassau le lui a demandé. On lui remet des lettres prouvant l'ignominie du mari. Il les produit. Il attaque Kornman. Il gagne le procès. La dame enceinte sort de prison. Le mari est condamné.

Le temps passe...

Survient alors un autre jeune homme : l'avocat Bergasse. Il fait partie d'une société secrète. Ça aide parfois à se singulariser. Certains des membres de cette société se nomment La Fayette, Eon, et... Kornman ! S'offrir la tête de « Monsieur de Beaumarchais », un des hommes les plus en vue du royaume, c'est ce dont Bergasse persuade très vite Kornman. Dès lors la tempête se déchaîne. Bergasse écrit et publie « Mémoire sur une question d'adultère, de séduction et de diffamation », et il signe Kornman... Pierre-Augustin y est traîné dans la boue : « Misérable, tu sues le crime ! » s'écrie Bergasse dans un bel élan lyrique. Et Beaumarchais voit « la calomnie se dresser, siffler, s'enfler à vue d'œil ». Il y répond, mal ! Par trois *Mémoires*. Mais l'âge est là. Il a perdu la main.

Bientôt Mirabeau se met de la partie. Il a, lui aussi, dénoncé auparavant Beaumarchais comme l'aventurier le plus douteux, le profiteur le plus corrompu du siècle, à la solde du pouvoir ! Pourquoi cette accusation ? Sans doute parce que Beaumarchais lui a refusé naguère le prêt d'une somme négligeable : « Il faudrait me brouiller avec vous au jour de l'échéance. J'aime autant que ce soit aujourd'hui : c'est douze mille francs de gagnés ! » Avec une extraordinaire violence, et un talent certain, Mirabeau revient sur le prétendu patriotisme de Beaumarchais qui a expédié aux Etats-Unis des armes inutilisables, des marchandises pourries. Il l'accuse aussi d'avoir joué un rôle plus que louche en Angleterre autour du chevalier-chevalière d'Eon, d'avoir publié une édition de Voltaire indigne du grand homme, d'avoir sali la scène française avec son infâme *Figaro* : « Ne songez désormais qu'à mériter d'être oublié, Monsieur ! » s'écrie-t-il. Toutes ces dénonciations font grand bruit dans Paris. Et Mirabeau ne s'arrête pas là. Avec la même brutalité, sachant que Beaumarchais s'intéresse de très près aux actions de la Compagnie des Eaux, il l'accuse de négliger le danger que représentent pour la sécurité des Parisiens les nouvelles canalisations construites par cette même Compagnie des Eaux fondée par... Beaumarchais lui-même ! O Pollution, que de crimes on commet en ton nom ! Plus c'est gros, mieux ça passe... Beaumarchais, plus occupé par la création de *Tarare*, son opéra, que par la Compagnie des Eaux, « planche » avec son ami Salieri. Il ne répond pas aux attaques de Mirabeau (enfin... pas tout de suite), et chacun de s'en étonner.

Permettez-moi de penser que ce qui occupe aussi

vos jours, et quelques-unes de vos nuits, Pierre-Augustin, c'est le retour dans votre vie d'une créature de rêve : Amélie Houret. Malgré l'âge, les cheveux qui commencent à déserter votre crâne et la surdité qui vous prive de son gazouillis et des subtiles doubles croches de Salieri, *kapellmeister* de l'empereur Joseph, frère de Marie-Antoinette, vous gardez pour « la femme », en dehors de la vôtre, des attendrissements que vous ne cherchez pas à dissimuler. Surtout à Amélie...

Il l'a connue dix ans plus tôt à Aix-en-Provence, visiteuse furtive de quelques soirs ! Il la retrouve blonde à ravir, longues jambes, beaux yeux et poitrine « à contrarier le monde ». Il n'y résiste pas. Même s'il lui écrit : « Vous êtes une incendiaire, je ne veux plus vous voir », c'est bien là le moyen d'inciter toute femme à ne pas obéir. Quand le feu s'éteindra, les mots le rallumeront. Les beaux yeux et la poitrine à contrarier le monde n'y resteront pas insensibles. A Aix, elle lui avait offert ses charmes sous le nom de Ninon. A Paris, elle les lui restitue sous le nom d'Amélie. Elle est également comtesse de La Marinaie. Ce qui, aux yeux du grand homme, ne gâte rien.

*

— Piat !

— Oui, Pierre-Augustin ?

— A quoi pensez-vous ?

— A vous, Pierre-Augustin ! A vous. Je m'étais laissé aller à vous imaginer... Elle a duré longtemps cette affaire ?

— Quelle affaire ?

— Euh... Kornman, Bergasse... Mirabeau.

— Oh ! ne vous en encombrez pas l'esprit. J'en ai eu tant d'autres. D'ailleurs je me suis réconcilié plus tard avec Mirabeau, un peu avant sa mort ! Mais Bergasse, lui, était un fort méchant homme. Il m'a poursuivi de sa haine jusqu'au printemps 1789. Et là...

— Oui. Là...

— Il est devenu député. C'était négligeable...

— Négligeable ?

— Oui.

— Mais vous ne l'avez pas négligé ?

— Non. J'ai écrit trois *Mémoires* contre lui. Et vous qui me réclamez sans cesse d'autres pièces, vous savez bien que c'est lui qui m'a inspiré le héros ignoble de ma *Mère coupable.* Begearss, c'est l'anagramme de Bergasse.

— Il avait donc atteint son but : se faire connaître en vous attaquant, comme Suard.

— Ah ! celui-là ! Il bénéficiait de la faveur du roi ! Je me suis retrouvé en prison à cause de lui. Et de ses ignobles accusations d'immoralité.

— Parce que vous y avez répondu !

— En une phrase !

— Une phrase ?

— Oui. Une phrase qui, ôtée de son contexte, a été publiée dans *Le Journal de Paris !*

— Déjà !

— Quoi, déjà ?

— C'est une pratique courante de nos jours le caviardage, mais j'ignorais qu'elle existât déjà au XVIIIe siècle. Quelle phrase ?

— « Quand j'ai dû vaincre lions et tigres pour faire jouer ma comédie, pensez-vous, après son succès, me réduire – ainsi qu'une servante hollandaise ! – à battre l'osier tous les matins sur l'insecte vil des nuits ? »

— Eh ben...

— Quoi, « eh ben... » ?

— C'est tout ?

— Oui. C'est tout.

— C'était un peu ridicule, non ?

— Comment, ridicule !

— Je veux dire... incompréhensible !

— Parce que vous n'avez pas vécu au XVIIIe siècle. Elle contenait une allusion au combat que j'avais dû mener pour me faire jouer. Et pour le comte de Provence qui me haïssait c'était parfaitement clair. En tout cas, il l'a rendue très claire aux oreilles de son frère, le roi. Il lui a fait croire que le lion, le tigre ou l'insecte vil, c'était lui ! Et alors qu'ils jouaient tous deux aux cartes, le roi a ordonné au dos d'un sept de pique mon arrestation ! Je dînais tranquillement chez moi avec ma fille Eugénie et ma tendre Thérèse... Je me suis retrouvé le soir même à Saint-Lazare ! La prison des putains, des dépravés, des souteneurs, des coureurs de petits garçons où l'on commençait par fouetter à l'entrée tout nouvel arrivant !

— Quelle horreur !

— Elle abritait même quelques lépreux...

*

J'ai compati à votre drame, Pierre-Augustin. Mais en fouillant l'événement, j'ai découvert que vous n'étiez resté que cinq jours à Saint-Lazare ! Que vous y aviez trouvé une cellule bien chauffée et un bon lit. Que vous n'aviez rencontré nul lépreux et que vous n'aviez jamais été fouetté ! Dieu merci, ce n'était qu'un peu de cette exagération dont vous êtes coutumier. Mais le roi, lui, excédé de vos plaintes, de vos pamphlets et des insultes proférées à l'égard de Monseigneur de Juigné, archevêque de Paris, qui avait autorisé ses fidèles à « manger des œufs pendant le carême mais leur avait interdit « de voir, de lire votre *Mariage de Figaro* », en était très irrité. Or le roi tenait son pouvoir de Dieu. Il avait grande estime pour l'archevêque. C'était son droit le plus strict. Et il était le roi. Aussi quand vous publiâtes un cantique fort spirituel sur l'absurdité de cette Ordonnance de Carême, le roi se fâcha tout rouge, et bien davantage pour cela que pour la phrase sur les lions et les tigres.

— Pierre-Augustin... pourquoi le comte de Provence vous haïssait-il ?

— J'avais réussi à faire brûler tous les libelles qui accusaient la reine Marie-Antoinette d'adultère et de dépravation. Or c'était lui qui agitait ces drapeaux. Il ne me pardonnait pas cette intervention. Et le roi mal informé m'avait condamné pour une faute que je n'avais pas commise. Il s'est alors écrié : « Que veut-il de moi ? Des excuses ! »

— Et il vous les a faites ?

— Vous voulez rire !

Ce que ne disait pas Pierre-Augustin, c'est que, sur l'insistance de Calonne, ministre d'Etat, le roi lui avait, au bout de cinq jours, accordé l'élargissement. Aimable façon de reconnaître son tort. Cela valait bien toutes les excuses royales. Et quelque temps plus tard... O surprise :

— La reine a joué mon *Barbier de Séville* au Trianon !

Ah, Pierre-Augustin ! Votre sourire en me disant cela pouvait laisser croire, à juste titre, que votre séjour à Saint-Lazare avait été plus profitable qu'exaspérant.

— Elle y jouait Rosine. Le comte d'Artois, Figaro. Vaudreuil jouait Almaviva, et j'ai pu assister au côté du roi à la représentation !

— Vous ai-je dit que j'y ai joué moi aussi ?

— Pardon ?

— Je dis j'ai joué moi aussi à Trianon, dans le petit théâtre de la reine.

— Vous ?

— Oui, moi.

— Quand ?

— En 1950 ou 51... je ne sais plus.

— Mon *Barbier* ?

— Non. *L'Epreuve* de Marivaux. Devant la reine Juliana de Hollande en visite officielle en France, accompagnée de son mari le prince Bernhard de Lippe et du président de la République française d'alors, monsieur Vincent Auriol.

— La République à Versailles... Comment cela s'est-il passé ?

— Nous avons fait une série de bides impressionnants. Malgré la présence exquise de Jeanne Moreau dans le rôle de la tendre Angélique, la langue de Marivaux passait nettement au-dessus des têtes couronnées et républicaines de ce jour-là. Moi qui me régalais à l'idée de jouer devant un tel parterre, j'ai été très déçu quand, à la présentation de la troupe aux invités, le président Vincent Auriol nous a gratifiés en roulant les « r » d'un :

— C'était trrrrès bien... messieudames !

— C'était démocratique, comme vous dites de vos jours !

— Oui. J'ai préféré de Gaulle, quinze ans plus tard.

— Pourquoi ?

— Il nous appelait « maîtres »... Oh ! Pierre-Augustin, savez-vous ce qu'écrivait Guitry à propos de Versailles et de la République ?

— Encore votre Guitry ! Vous m'assommez !

— Ecoutez quand même :

Les rois faisaient des folies sans pareilles
Ils dépensaient notre argent sans compter
Mais quand ils construisaient de semblables merveilles...
Ne nous mettaient-ils pas notre argent de côté ?

*

J'en étais là de mes réflexions avec vous, Pierre-Augustin, me demandant pourquoi, après le triomphe du *Mariage* et en dépit de vos explications, la roue de la fortune s'était mise à tourner peu à peu à l'envers et en votre défaveur. Etait-ce votre comportement à l'égard d'une société que vous dénonciez dans votre théâtre mais où vous viviez néanmoins à l'aise et qui ainsi vous faisait payer la note ? Etait-ce l'étalement insolent de votre réussite, ou de vos richesses ? On n'aime pas souvent les vainqueurs, et vous viviez les années les plus « argentées » de votre existence. Aviez-vous joué « l'apprenti sorcier » ? En receviez-vous les sanctions ? Tout cela à la fois, sans doute. Car tout en combattant la calomnie qui, à chaque instant, envahit votre vie, vous lui donnez des armes. L'une d'elles ? La construction d'un somptueux palais qui va devenir votre tombeau. Ou presque...

L'endroit est admirablement choisi : le cœur de la ville. De l'une ou de l'autre des deux cents fenêtres (!) de cette extraordinaire demeure, vous avez une vue admirable sur le vieux Paris et ses monuments. Vue d'autant plus symbolique pour vous qui la brocardiez avec rudesse dans *Le Mariage de Figaro* : « Je vois du fond d'un fiacre baisser pour moi le pont d'un château fort à l'entrée duquel je laissais l'espérance et la liberté... » C'est pas joli, ça ! Votre palais est construit sur le boulevard Saint-Antoine, d'où partira la Révolution. Allez-vous y laisser l'espérance ou la liberté ? De vos fenêtres, vous pouvez apercevoir, avec ou sans fiacre... la Bastille !

Etiez-vous à la solde du pouvoir ? Louis XVI désirait la détruire, cette Bastille. Vous le saviez. Comme vous saviez que le terrain allait un jour valoir très cher. Alors... comme les discrets investissements font les grandes fortunes...

C'est l'architecte du roi qui a dessiné le plan de votre palais. Le paysagiste des jardins de Bagatelle s'est occupé de votre parc. Ruineuse folie, cette demeure s'ouvre par une colonnade « athénienne » où la copie du *Voltaire assis* de Houdon vous accueille [1]. Puis, on aperçoit un temple dédié à

1. L'original se trouve dans le foyer de la Comédie-Française.

Bacchus, et non loin un petit lac sur lequel des enfants peuvent naviguer ! Ohé, ohé ! Tous les arbres d'un jardin anglais sont composés des essences les plus rares. Vos meubles sont dessinés par Jacob. Et vous avez demandé à Hubert Robert de décorer de quelques-uns de ses tableaux vos dessus de portes en acajou et vos murs, disputant à Carle Vernet quelques autres emplacements. Esprit tourné vers le modernisme et le progrès, vous avez souhaité un chauffage par bouches d'air. C'est « in » et très pratique. Quant à l'eau qui participe aux enchantements du palais alimentant les cascades et les jardins, elle est amenée par la pompe à feu de la colline de Chaillot... dont vous vous êtes rendu seul acquéreur.

Précaution (pas inutile, cette fois), un souterrain secret dissimulé dans la verdure vous permet d'échapper à d'éventuelles « difficultés ». Il vous permettra d'échapper à la mort en 1792 !

Ce palais justifie-t-il l'éclat de Marat sorti de sa baignoire pour écrire : « Qu'avons-nous gagné à détruire l'aristocratie des nobles, si elle est remplacée par l'aristocratie des riches ? » Vaste question qui n'en finit pas d'être posée de siècle en siècle. Nombreux sont ceux qui se la poseront à votre propos, Pierre-Augustin.

Même si sur cet hectare de terrain, de terrasses, de verdure, de jeux d'eau, de bosquets et de vallées, on va pouvoir lire quelques vers paisibles, célébrant

Voltaire, Platon ! Eros lui-même, que vous invoquez paternellement :

O toi, qui mets le trouble en plus d'une famille
Je te demande, amour, le bonheur de ma fille...

C'est un peu plat mais c'est le vœu d'un excellent père. Et quant à vous, vous vous êtes adressé un message un peu plus recherché, mais qui ne nous réconcilie pas davantage avec la poésie du XVIIIe siècle...

Adieu, grands mots remplis de vide
Hasard, providence, destin !
Fatigué dans ma course aride
De gravir contre l'incertain
Désabusé comme Candide
Et plus tolérant que Martin
Cet asile est ma propontide[1] *:*
J'y cultive en paix mon jardin.

Détruit, brisé, ce palais luxueux a disparu dans la course du temps. Mais devant une telle magnificence ceux que vous dénonciez, peut-être à bon droit et

1. Après recherche active dans le Larousse en six volumes, nous signalons que propontide (= en avant du pont) est l'appellation actuelle de la mer de Marmara donnant accès au Pont-Euxin. De nombreuses colonies grecques s'élevaient alors sur ses rivages.

qui allaient mourir, n'auraient-ils pas été en mesure de vous interroger à leur tour, Pierre-Augustin, sur cette orgueilleuse et ostentatoire démonstration de votre richesse, et de vous dire : « Qu'avez-vous fait pour tant de biens ? »

*

Est-ce le tracas des affaires, votre mariage tardif avec Marie-Thérèse de Willermaulaz ou bien encore l'invitation au voyage proposée par ce somptueux palais où vous n'avez pas encore mis le pied ? Vos regards se tournent de plus en plus vers le ciel, Pierre-Augustin, tandis que se joue, avec succès, votre *Tarare* à l'opéra. Ce n'est pas le ciel de Dieu ou de la foi, qu'un mariage à l'église aurait pu vous apporter mais bien celui, plus matériel, que les hommes ont eu, depuis la nuit des temps, l'ambition de conquérir.

Cette fin de siècle est aussi un commencement. Il le sera en politique. Il le sera en art et en littérature, le romantisme n'est pas loin, initié par Byron, Rousseau ou Chateaubriand. Il l'est sans conteste dans la recherche technique, l'éclatement des superstitions – que vous méprisez, Pierre-Augustin – et de la magie « qui abrutit les simples ». Astrologues et voyants poursuivent néanmoins leur règne. Mais si depuis toujours les hommes ont regardé le ciel, ils rêvent maintenant de l'atteindre, de s'élever, de quitter la terre. Déjà les machines volantes de Léonard de Vinci le leur montraient, trois siècles plus tôt. Alors on invente, on crée, on suppute. On envisage de traverser la Manche – eh oui ! Le petit horloger de la rue Saint-Denis, inventeur de génie, devenu le grand Caron de Beaumarchais, ne peut pas rester indifférent à cette évolution. Il se passionne pour les « aérambules »...

Vous aviez compris un jour, Pierre-Augustin, qu'aider l'Indépendance de l'Amérique était une nécessité pour la France. Vous comprenez tout aussi bien, et très vite, qu'elle peut être le pays des premiers envols. Si elle le prouve en ce XXIe siècle, c'est un peu à vous qu'elle le doit. Même si elle l'ignore.

Dès 1783 vous participez, en finançant leurs essais, aux premières recherches des « ballonistes » ou des « aviateurs », même si le mot ne sera inventé qu'un siècle plus tard. Ces héroïques tentatives vous fascinent. Admiratif, vous assistez au Champ-de-Mars, au faubourg Saint-Antoine, à Versailles, dans les bois de la Muette aussi bien qu'aux Tuileries, aux timides mais folles échappées des « hommes-oiseaux », ou encore à la mise à feu sous les montgolfières des « mécaniciens ». Les ballons et les aéronautes sont, et ils seront – en dépit de la dérision, des sourires et... de la mort –, la grande affaire de votre fin de vie ! Vous n'aurez peut-être plus la force d'en imposer l'intérêt mais, à l'exemple des frères Montgolfier ou du malheureux Pilâtre de Rozier qui va périr au-dessus de la Manche, vous affirmez avec enthousiasme l'avenir radieux de ces aérostats plus lourds que l'air. Ils s'imposeront après vous, sans vous. Mais ils s'imposeront à tous.

Décidément, Pierre-Augustin, vous êtes bien le plus célèbre méconnu du XVIIIe siècle...

*

— Puis-je me permettre une petite parenthèse, Pierre-Augustin, à propos de Préville et de sa « collaboration » à la version définitive du Monologue ?

— Vous avez l'esprit de l'escalier, Piat ! Laquelle ?

— J'ai tourné dans le film réalisé par la Comédie-Française en 1959 le rôle de Figaro de votre *Mariage*. A mon grand regret on avait coupé une petite partie de ce monologue du cinquième acte qui vous faisait si peur ! Il devait faire peur aux producteurs aussi ! Etais-je trop jeune pour assumer le rôle ? Je vous l'ai déjà dit, et je le répète : c'est quand on n'a plus l'âge des rôles qu'on se sent parfois le plus apte à les jouer !

— De toutes façons, mon vieux, pour vous, maintenant, c'est trop tard !

— Hélas. Voyez-vous Pierre-Augustin, le miracle du théâtre, c'est qu'une représentation reste dans l'esprit à l'état de souvenir, tandis qu'un film est une preuve !

— Et alors ?

— Alors... rien.

18

— Alors... comment l'avez-vous vécue, cette Révolution, Pierre-Augustin ?

— Comment ?

— On disait que, de l'une de vos deux cents fenêtres, vous aviez pu assister à la prise de la Bastille. Alors... comment l'avez-vous vécue ?

— Pas bien, Piat, pas bien.

Vous aviez prononcé ces mots de façon lugubre. A la manière de Figaro terminant son monologue du *Mariage* :

J'ai tout vu, tout fait, tout usé
Puis l'illusion s'est détruite, et trop désabusé...

Pour vous, dont on disait et dont on dit encore que vous aviez appelé de vos vœux cette révolution et l'extraordinaire mutation qui s'ensuivit, c'était un peu étonnant...

— Mon cher, quand l'émeute et la mort viennent vous visiter chez vous et que vous lisez dans des libelles anonymes : « Tu n'auras même pas les honneurs d'un réverbère ! », vous n'éprouvez aucune raison de vous réjouir.

— De nos jours, beaucoup pensent que la Révolution marque de son empreinte les moments les plus glorieux de cette France de la liberté que nous nous vantons d'être...

— Ah...

— D'autres estiment avec la même foi qu'elle est le premier signe d'une décadence qui depuis ne cesse de nous affecter.

— Tiens !

— Il existe aussi pour mettre tout le monde d'accord, ou s'en distinguer, une philosophie, une opinion, un clan si vous préférez, qui de Montherlant à Soljenitsyne dénonce la totale inutilité des révolutions. Toutes les évolutions qu'on leur attribue se seraient produites sans qu'interviennent ces horribles convulsions. « La révolution, quel temps perdu ! » disent-ils.

— Si je vous comprends bien, Piat, on en parle encore de vos jours ?

— Oh là là ! Et comment ! L'indifférence n'est pas de mise.

— Piat ! Les œuvres humaines, comme les grandes idées, naissent la plupart du temps des chocs, des injustices, des conflits ou – plus légèrement – des amours contrariées ! Même Louis XVI l'avait compris. C'est bien la chose la plus étrange qui soit.

Lui qui avait tant fait pour interdire la représentation de mon *Mariage* a exigé celle au plus tôt de mon opéra, qui est tout de même l'histoire d'un simple soldat voulant détrôner son souverain !

— *Tarare* ?

— Oui. *Tarare*. L'esprit encombré par l'affaire Kornman, j'en souhaitais le report. Le roi en a ordonné la création. Il avait compris que les idées introduites dans *Tarare* devaient voir le jour, au plus tôt. J'y célébrai les mérites du divorce. La libération des religieux et des religieuses. Les censeurs avaient tout laissé passer. A n'en pas douter, le roi voulait que cela fût entendu. La France des Droits de l'homme était en marche. La première de *Tarare* eut lieu en juin 1787 et fut un triomphe. Nous avons joué trente-trois fois mon opéra pour finir la saison. Et c'est *Tarare* encore qu'on a repris le 14 juillet 1790 pour fêter la prise de la Bastille !

— Non !

— Si !

J'avais observé que Pierre-Augustin évoquait son esprit encombré par l'affaire Kornman sans faire aucune allusion à la belle Amélie qui pourtant l'occupait tout autant ! Elle lui faisait croire à son éternelle jeunesse, tandis qu'il écrivait le livret de *Tarare*, le modifiant, le raturant au gré des notes et doubles croches de son ami Salieri dont les réveils parfois douloureux étaient encombrés, eux, par quelques soirées arrosées auxquelles il ne résistait pas plus que Pierre-Augustin à son Amélie !

— Pour cette fête du 14 Juillet, j'avais d'abord imaginé de dresser au Champ-de-Mars une pyramide monumentale dédiée à la Liberté. Malheureusement, cela coûtait plus de quatre millions ! Et l'argent manquait. J'ai donc fait reprendre mon *Tarare* dans lequel j'avais introduit de nouveaux passages célébrant l'adoucissement du sort des nègres et...

Je me récriai aussitôt :

— Des Noirs ! Pierre-Augustin ! Des Noirs...

— Comment cela, « des Noirs » ?

— Oui. De nos jours, le mot « nègre » n'est plus employé. Il est considéré comme diffamatoire. On dit « des Noirs » !

— Oui. Bon. Bien ! Noirs ou pas, un chant s'élevait vers la fin du cinquième acte disant :

Nous avons le meilleur des rois
Jurons de mourir sous ses lois !

— En 1790 ?

— Parfaitement, en 1790 ! Pour l'anniversaire du 14 Juillet. J'ai même été accusé de « royalisme ». Car le chant se poursuivait :

Oubliez-vous, soldats usurpant le pouvoir
Que le respect des rois est le premier devoir.

— Vous avez écrit cela en 1790 ?

— J'ai écrit cela en 1790.

— Ça devait sonner mieux aux oreilles royales que le « il n'y a que les petits hommes qui redoutent les petits écrits ! » de votre *Mariage de Figaro*.

— On pouvait entendre aussi sur la belle, l'admirable musique de Salieri :

Roi, nous mettons la liberté aux pieds de la Vertu
[suprême !
Gouverne ce peuple qui t'aime.

— Vous entendez cela, Piat, « ce peuple qui t'aime » !

— En 1790 ?

— En 1790 ! Et le chant continuait :

Et vous, reine, épouse sensible
Qui connut l'adversité du devoir souvent inflexible...
Adoucissez l'austérité :
Tenez son grand cœur accessible
Aux soupirs de l'humanité !

Ce n'était pas clair, ça ?

— Parfaitement clair, Pierre-Augustin.

— Pour la mise en scène, j'avais organisé un défilé de soldats portant des bannières rouges sur lesquelles était collé en lettres d'or :

La liberté n'est pas d'abuser de ses droits
La liberté consiste à n'obéir qu'aux lois !

— De nos jours, vous auriez des problèmes avec ce genre de déclaration, Pierre-Augustin.

— Sur d'autres bannières roses portées par des paysans, on lisait, écrit en lettres vertes :

De la liberté sans licence
Naît le bonheur, naît l'abondance ! »

— Pour compenser ! Pas fou !

— Pardon ?

— Rien, rien... C'est très beau, Pierre-Augustin.

— Enfin des personnages habillés de noir portaient eux aussi des bannières aussi noires que leurs costumes, avec ces mots gravés en lettres d'argent :

Licence, abus de la liberté,
Sont les sources du crime et de la pauvreté !

J'ai été tenté une fois encore de vous dire, Pierre-Augustin : « Décidément plus ça change et plus c'est la même chose ! » Je me suis abstenu. Car je pensais à un autre passage de *Tarare* qui expliquait peut-être pourquoi cet opéra était tombé définitivement dans les oubliettes... bien qu'il exaltât la liberté d'un Noir du Zanguébar :

Holà ! Doux esclavage
Pour Congo, noirs visages
Bon blanc pour nègre il est humain
Nous, bons nègres, a cœur sur la main
Nous, pour blancs
Sacrifient,
Donner sang,
Donner vie
Priant grand fétiche Ourbala !
Pour grand peuple qu'il est là
Ourbala ! l'y voilà.
Là, là, là. Là, là, là.

J'ignore, Pierre-Augustin, si la musique de Salieri était géniale mais de nos jours, après une telle envolée lyrique, vous risqueriez l'émeute ! Et cette fois... à l'Opéra-Bastille !

*

Etait-ce le fait d'avoir « parlé théâtre », l'humeur de Pierre-Augustin semblait plus allègre.

— J'ai tout de même eu de grandes joies pendant cette période difficile où la révolution légale s'était faite sans trop de violence encore.

— Lesquelles ?

— Tout d'abord, l'Assemblée des députés, devenue, depuis juillet 1789, Constituante, a voté un texte en 1791 établissant que tout citoyen peut ouvrir un théâtre et qu'il était désormais interdit à tout acteur ou tout directeur de salle de jouer une pièce sans l'assentiment de l'auteur. C'était ma victoire personnelle. Puis ma fille Eugénie m'a été rendue, elle aussi. Elle avait quinze ans et sortait du couvent. Elle était très belle. Il fallait lui chercher un mari.

— A quinze ans !

— Y penser en tout cas.

Je savais à quel point, en ce temps-là, Pierre-Augustin était riche, étalant sans pudeur un luxe de parvenu ! Cela ne devait pas être très difficile pour Eugénie de trouver un mari. Fille de son père, elle n'aura d'ailleurs pas besoin de lui pour réaliser ses vœux, à l'heure qui lui conviendra. Papa Pierre-Augustin n'aura alors qu'à s'incliner devant la décision de sa « chère fille ».

J'en lisais le tourment sur le visage de Pierre-Augustin. Tel que Greuze le montre dans un portrait de ce temps-là. En ces années d'espérance pour les uns, d'horreur pour les autres et de difficultés pour tous, il ne semblait pas vouloir admettre que sa popularité avait fondu comme neige au soleil, sous les coups répétés de ses adversaires. Un exemple entre mille : chargé de surveiller (en voisin ?) la démolition de la Bastille, on l'accusait aussitôt d'y avoir dérobé des papiers compromettants, à l'intérieur des cachots de la forteresse ! Ou encore, on lui reprochait d'avoir aidé Madame de Launay, malheureuse épouse du gouverneur de la Bastille, à retrouver quelques traces de son mari dont on avait promené la tête tranchée au bout d'une pique, dès les premières heures d'une révolution qui se voulait paisible. Pierre-Augustin s'efforçait de parler le langage de cette révolution, mais on brisait les bas-reliefs de sa trop somptueuse demeure. Même s'il signait certaines lettres « Caron de Beaumarchais, *soldat citoyen de la garde bourgeoise de Paris* », en ces temps où il ne faisait pas bon être rangé parmi les privilégiés de la fortune, cela passait pour un retournement de veste. D'autant plus que certains monarchistes pensaient à lui comme... ministre de l'Intérieur ! Ce que Louis XVI, qui le connaît et l'apprécie depuis longtemps, refusera sans hésitation.

C'est dans cette atmosphère, qu'on peut qualifier aisément de particulière, qu'il reçoit un jour une visite qui va modifier la fin de sa vie. Ce n'est certes pas la première fois que l'aventure se présente à lui. Et son goût de la politique, de l'intrigue, de l'argent et des entreprises hasardeuses est intact. Mais pour y tenir un rôle... en a-t-il encore l'âge ?

Est-ce parce qu'il a écrit « j'en sais trop pour ne pas mourir de chagrin de tous les maux que je vois prêts à fondre sur la France » ? Chaque génération peut faire les mêmes constats. Pierre-Augustin cède à la tentation. Il reçoit donc la proposition d'un libraire belge, un certain Delahaye, d'acheter en

Hollande soixante mille fusils dont la France a besoin et que recherche de Grave, le ministre de la Guerre. Beaumarchais il est, Beaumarchais il reste. Il fonce !

— Pourquoi vous êtes-vous occupé de ces fusils, Pierre-Augustin ? Alors qu'en juin 1792 on crée votre *Mère coupable* dans ce petit théâtre du Marais... dont vous êtes le principal actionnaire !

— Pourquoi, pourquoi ! Parce que la France se prépare à la guerre, Piat. Contre l'Autriche. Elle sera déclarée en mars. Ma *Mère coupable* pouvait attendre. La vengeance que j'y exerçais contre Bergasse n'était pas alors mon premier souci.

Une fois encore, l'intermittent du spectacle abandonne la scène et la fiction pour une réalité dont sa femme, Marie-Thérèse, et son ami Gudin lui montrent le danger. « En des temps troublés, disent-ils, il ne faut jamais trafiquer sur les armes ou sur le blé... » Pierre-Augustin n'en a cure ! Le gouvernement français cherche des armes : on lui propose soixante mille fusils à bon compte, cent quarante mille pourraient suivre, Pierre-Augustin n'hésite pas. « Faire à la fois le bien public et particulier... chef-d'œuvre de morale en vérité, Monseigneur ! » dit Figaro. Pierre-Augustin Caron de Beaumarchais se rappelle les éclats et les rires de son personnage. Patriotisme ou goût de l'argent ? Il suit son instinct et les conseils du barbier. A soixante ans, il reprend du service ! Pour lui, comme pour peu d'autres, l'heure de la retraite n'a pas encore sonné. Plutôt que de subir menaces et insultes, il préfère agir. Neuf ans avant de mourir, Pierre-Augustin reparaît en scène, dans un théâtre où l'Europe se cherche.

Il connaît mal son rôle : il improvisera. Il connaît mal ses partenaires : il a confiance en son charisme. Il ne connaît pas du tout les producteurs : il n'est pas un enfant de chœur et se sent aussi retors qu'il est nécessaire pour les affronter. Spectacle particulier, drame aux soixante actes divers dont le rideau va se lever en mars 1792 pour ne se baisser définitivement que trois ans après votre mort, Pierre-Augustin, en 1802... cette pièce pourrait s'intituler : « Les fusils de Hollande » !

*

« O bizarre suite d'événements... Pourquoi ces choses et non pas d'autres... Qui les a fixées sur ma tête ? » interroge encore Figaro. Réponse : vous, Pierre-Augustin ! Vous seul êtes responsable de tout. Comme auteur du *Mariage* et comme acteur de votre vie !

Marie-Thérèse, votre femme, Eugénie, votre fille tant aimée pour qui vous cherchez un époux, Julie, votre sœur qui elle aussi vous aime, et Amélie, qui vous ranime, toutes ont besoin de vous. Pourtant vous les quittez, comme vous lâchez votre *Mère coupable*, pour courir une aventure où le hasard et la fortune ont leur part, tout autant que les dangers, la prison et l'exil. Et, chose extraordinaire, c'est à ces chemins tortueux, cette course confuse à travers la Hollande, l'Angleterre, l'Allemagne et la Suisse... que vous devez d'échapper au désagrément d'avoir la tête tranchée par Monsieur Guillotin ! Car si votre destin, une fois encore, est mêlé à celui de la France, c'est une France qui ne vous aime plus guère, Pierre-Augustin : celle de la Révolution.

*

Vous signez un contrat en bonne et due forme avec Delahaye, le libraire belge, représentant la « Société typographique et littéraire ». Il y est stipulé que vous gardez pour vous les deux tiers du profit. Le dernier tiers ira à Delahaye. Très vite, les obstacles vont surgir.

Les fusils doivent être livrés au Havre, où l'espionnage anglais est très présent. Car l'Angleterre sait que la France veut la guerre contre l'Autriche.

Or les armes entreposées en Zélande viennent... d'Autriche ! Et elles ne peuvent être exportées que « hors d'Europe », selon les accords passés avec la Hollande.

Que faire ?

Trouver un transporteur « discret » et amener les fusils clandestinement au Havre.

Le prix est alors triplé !

La France ne veut – et ne peut – payer qu'en assignats : c'est une monnaie de singe, aux yeux des vendeurs !

En avril, la guerre est déclarée.

En juin, les fusils sont toujours en Hollande !

On vous accuse alors de les cacher chez vous !

— C'est faux !

— Mais explicable, non ?

— Ce sont les amis de Kornman et de Bergasse qui ont fait courir ce bruit !

— Repris par un certain Chabot !

— Un ex-moine défroqué !

— Mais député à l'Assemblée ! Il vous dénonce avec violence. De soixante mille, les fusils sont devenus deux cent mille !

— Et alors ?

— Cela vous rend suspect aux yeux de beaucoup. C'est un mot lourd de sens, en 1792.

— Balivernes ! J'ai encore de nombreux appuis au gouvernement. Et j'ai fait croire que les armes étaient destinées à être livrées aux Antilles ! Avez-vous lu la lettre de Dumouriez, alors ministre de la Guerre ?

— Non.

— Vous avez tort. Il m'écrit : « Je suis invisible autant que vous êtes sourd ! Cependant, j'aime à vous entendre, mon cher Beaumarchais ! Surtout quand vous avez des choses intéressantes à me dire. Soyez donc demain à dix heures chez moi... puisque des deux, c'est moi qui ai le malheur d'être ministre.

Je vous embrasse. Dumouriez. » Vous croyez qu'on écrit cela à un suspect ?

Pierre-Augustin va tout de même envoyer par prudence sa femme et sa fille Eugénie se réfugier chez des amis... au Havre !

Le 10 août, la monarchie vacille, pour ne pas dire qu'elle s'écroule. Les ministres et les ministères vont alors se succéder.

Le 11 août, une foule estimée à trente mille personnes (!) envahit le « Palais-Bastille » de Pierre-Augustin, symbole aux yeux du peuple de cette richesse qu'il étale insolemment dans un des quartiers les plus pauvres de Paris.

Le 12, Pierre-Augustin écrit une lettre à sa fille Eugénie où il relate avec minutie cette invasion de la veille. On ne peut que la résumer car cette lettre est si longue qu'il la définit lui-même comme « la mille deuxième nuit du roman de Shéhérazade » ! Elle démontre à quel point il est né auteur dramatique bien plus qu'horloger.

Hélas, l'aventure vous attirait plus encore que Shéhérazade, Pierre-Augustin. Je vous en laisse conter les conséquences à votre fille Eugénie et à Marie-Thérèse qui vous lisent avec émotion, tandis que le soir tombe sur les falaises du Havre et que la foule piétine vos bosquets, en se ruant vers le temple de Bacchus !

« [...] Les bruits, les cris, étaient si forts... pendant qu'on bataillait pour l'ouverture des grilles...

les femmes cent fois plus cruelles que les hommes se sont toutes mises à ma poursuite... Ton malheureux père, mon Eugénie, eût été déchiré par elles s'il n'avait pas eu de l'avance ! J'ai un instinct qui me saisit dans le danger... *C'est peut-être à cette faculté que j'ai dû le talent d'arranger des plans de comédie qui ont servi à mes amusements...* J'étais entré chez un ami, dans une rue qui leur a fait perdre ma trace ! Ah ! pardon mon aimable enfant, si dans ce moment de péril, j'ai pris en horreur tout ton sexe ! Pendant que j'étais enfermé dans un asile impénétrable, des greniers aux caves, des serruriers ouvraient toutes les armoires, des maçons fouillaient, sondaient et levaient des pierres jusque sur les fosses d'aisance... disant “ si on ne trouve rien qui se rapporte à nos recherches, le premier qui détournera le moindre des meubles sera pendu, sans rémission, puis haché en morceaux ! ” Ah... quand on m'a dit cela, j'ai bien regretté de ne pas être resté à contempler ce peuple en proie à ces fureurs... à étudier ce mélange d'égarement et de justice naturelle qui perce à travers le désordre... Te souviens-tu de ces vers de *Tarare* qui furent tant applaudis !

Quand ce bon peuple est en rumeur
C'est toujours quelqu'un qui l'égare...

« C'est une chose digne d'attention que ce mélange dans le peuple d'aveuglement et de justice, d'oubli total et de fierté, pendant qu'il se livre au désordre d'être humilié s'il croit qu'on pense qu'il est capable de voler... »

Vous avez beau vous attendrir ainsi sur la fierté du peuple en colère, Pierre-Augustin, vous ne devez votre salut qu'au souterrain secret creusé dans votre jardin anglais qui débouche sur une petite rue discrète (le Pas-de-la-Mule !) vous permettant de retrouver votre sérénité ! Et le lendemain vous couchez prudemment hors de chez vous... afin de mieux réfléchir à ce mélange d'aveuglement, de justice et de fierté sur lequel vous pouvez alors tranquillement vous pencher !

Quelque dix jours plus tard, on vous rend visite : « Les fusils sont à vous. Mais à une condition : 50-50 ! » précise un petit homme brun. Vous refusez. « Vous avez tort », dit le petit homme brun. C'est d'autant plus vrai que le lendemain, 23 août, vous êtes arrêté ! (Tiens, comme Sacha Guitry ! Ce même 23 août. Lui, c'est en 1944, deux jours avant la libération de Paris. Vous, c'est en 1792, une semaine avant les massacres de Septembre !) On vous emmène à la mairie (lui aussi : celle du 7e arrondissement). Vous vous retrouvez à l'Abbaye (c'est une prison), lui à la Conciergerie (c'en est une aussi !). On vous fait attendre toute une journée dans un réduit si étroit que « je ne pouvais ni m'asseoir, ni m'allonger », écrivez-vous (comme Sacha !).

— L'Abbaye, mon cher Piat, c'était l'antichambre de la mort. On y amenait ceux qui, d'avance, étaient condamnés. Nous étions cent quatre-vingt-douze dans dix-huit petites cellules.

J'avais lu dans vos biographies que cette fois vous n'exagériez nullement, Pierre-Augustin. Ni pour le décor. Ni pour la mise en condition. On voulait vous faire avouer que vous refusiez d'amener en France ces fameux soixante mille fusils afin de les livrer plus tard aux ennemis de la patrie, et que vous entreteniez avec Louis XVI une correspondance secrète !

— C'était aberrant ! Je luttais contre l'inertie des bureaux, voilà tout ! Les fusils n'arrivaient pas parce que le désordre était tel qu'ordres et contrordres se succédaient !

J'étais tenté de lui répondre que, en des temps où la fureur s'unit pour détruire, il ne s'agit là que « d'un peu d'état normal ».

— Par bonheur, vous n'êtes resté que six jours à l'Abbaye.

— Par miracle, voulez-vous dire ! Je suis sorti le 30 août et je n'ai jamais su à quoi je devais cette surprenante libération ! Le tribunal révolutionnaire était créé et les massacres qu'on a appelés « massacres de Septembre » commençaient trois jours plus tard !

Pierre-Augustin était-il sincère ? Ignorait-il vraiment à qui il devait cette « surprenante libération » ? Guitry, lui, était resté deux mois en prison et n'avait pas trouvé une Amélie suffisamment passionnée et amoureuse pour l'en faire sortir ! Devais-je lui révéler qu'il devait cette intervention « miraculeuse » à l'héroïsme de la comtesse de La Marinaie, « Amélie pour les intimes », qui n'avait pas hésité à payer de sa personne auprès d'un certain Manuel, procureur général et syndic de la commune de Paris, dont les méchantes langues assuraient qu'il était – aussi – son amant ! Je ne m'en sentais pas le droit. D'autant que Pierre-Augustin fait un récit ému de sa rencontre avec Manuel à la sortie de l'Abbaye. Je résume : « Je lui jetais mes bras au corps, sans pouvoir lui dire un seul mot. Mes yeux se fondent en eau, sur le moindre trait de bonté... »

Expression à rapprocher d'une réplique du *Mariage* quand Figaro dit à Marceline, sa mère : « Arrête donc chère mère, voudrais-tu voir se *fondre en eau* mes yeux noyés des premières larmes que je connaisse... »

« De l'art d'utiliser les restes », comme de démontrer que le théâtre a ses petites utilités.

Pierre-Augustin pleurera-t-il de vraies larmes quelque temps plus tard ?

Le 18 novembre 1793, Manuel est guillotiné...

*

En cette période où la mort rôde autour des prétoires et où on massacre dans les prisons comme dans les rues... avec « *cet instinct qui vous saisit dans le danger et à quoi vous devez le talent d'arranger vos petits amusements dans la comédie* », Pierre-Augustin, vous vous rendez, au sortir de l'Abbaye, aux suppliques de Gudin et de vos amis. Vous quittez Paris pour une campagne proche. Mais Beaumarchais vous êtes, Beaumarchais vous restez. Le spectacle des vaches broutant la verdure dans les prairies vous lasse au bout de quarante-huit heures ! Négligeant cette quiétude rurale, vous leur faussez compagnie. Et c'est à pied que, bravant tous les dangers, vous rentrez à Paris, vous cachant le jour et vous hâtant la nuit ! Loin de votre Palais-Bastille, vous allez vivre quatre ou cinq jours dans un chantier en construction ! Et vous prenez le risque de vous présenter – dans quel état ? – à l'Assemblée ! Redevenu pour un temps le dialecticien avisé et roublard que vous ne cessez jamais d'être au fond, vous retournez l'opinion en votre faveur. Vous réussissez même à faire rire Danton. Convaincu de votre souci de fournir les soixante mille fusils, toujours empaquetés dans l'île de Walcheren, « à la patrie en danger », il vous charge de mission ! Et Lebrun, le ministre des Affaires étrangères, votre ennemi intime, vous fait établir un passeport diplomatique pour aller les chercher ! Au nom du « citoyen Beaumarchais, soixante ans, figure pleine, yeux et sourcils bruns, nez bien fait, cheveux châtains rares [*sic* !], bouche grande, menton ordinaire... double [!], taille cinq pieds six pouces », ce passeport vous permettra de circuler sur les routes incertaines. Vous partez aussitôt pour Le Havre, arrêté dix fois en chemin afin de satisfaire aux vérifications nécessaires.

Vous y parvenez enfin et vous vous jetez dans les bras de Marie-Thérèse et d'Eugénie. Le temps de les embrasser, vous vous embarquez pour Londres via Portsmouth ! A Londres, la Roderigue Hortalez & Co. a laissé des souvenirs. Vous y trouvez de l'argent. Vous vous embarquez cette fois pour Amsterdam. Après avoir vomi pendant six jours de traversée, ou presque, vous y arrivez. Pendant plus de six semaines vous espérez apercevoir le plus petit des soixante mille fusils. Pas le canon d'un ! En revanche, initié par Lebrun tout aussi alléché que vous par le marché des fusils, vous échappez, toujours par les mêmes miracles qui ne cessent de vous accompagner, à plusieurs tentatives d'assassinat ! Vous songez alors à repartir pour Paris via Londres. Vous reprenez le bateau. La mer est toujours aussi agitée que l'époque. Après y avoir rendu l'âme, une fois encore, vous parvenez à Londres. Vos amis vous déconseillent formellement le retour vers Paris : on y juge Louis XVI ! « C'est la guillotine qui vous y attend ! » Pour être plus dissuasif encore, un de vos amis banquiers à Londres, lui aussi intéressé par le trafic des armes... tout comme le gouvernement anglais, vous fait enfermer « pour dettes » dans une des prisons les plus *smart* de Londres.

Vous profitez de cette étrange liberté pour écrire. D'abord de multiples lettres. Mais surtout le détail de cette affaire des fusils de Hollande : un *Mémoire* en six époques où vous vous déchaînez contre tous ceux qui exploitent, en leur faveur, les divisions et les bouleversements du temps. C'est le compte rendu le plus sévère des « neuf mois les plus pénibles de votre vie » où se lisent à la fois votre exaspération, votre naïveté coutumière et une démonstration violente « de ce qu'un citoyen doit souffrir dans un pays de liberté » ! Réquisitoire où vous dénoncez vos dénonciateurs, des ministres malhonnêtes ou incapables, et où percent parfois quelques regrets de l'Ancien Régime. C'est aussi un acte de courage envers ce roi qui un mois plus tôt a été guillotiné. Marqué par la crainte que vous inspire le sort des vôtres, Marie-Thérèse, Eugénie, Julie, ce *Mémoire* s'adresse à tous les Français avec une conviction et une émotion qui ne manquent ni de lyrisme ni de grandeur.

Imprimé quelque temps plus tard à Paris, on pourra y lire :

« Je défierai le diable de faire marcher aucune affaire dans ce temps affreux de désordre qu'on nomme Liberté !...

« Les ministres royalistes ont fait, seuls, leur devoir. Tous les obstacles viennent des ministres populaires !...

« Tels sont les gens qui mènent nos affaires, faisant du gouvernement un réceptacle de vengeance, un cloaque d'intrigues, un tissu de sottises...

« Périssent tous mes biens ! Périsse ma personne plutôt que de ramper sous le despotisme insolent...

« O ma patrie en larmes ! O malheureux Français, que vous aura servi de renverser les bastilles si des brigands viennent danser dessus et nous égorgent sur leurs débris !

« Vrais amis de la Liberté, sachez que ses premiers bourreaux sont la licence et l'anarchie... »

Même si devant des événements qui vont trop vite et une histoire trop grande pour eux, les hommes se sentent dépassés ou injustes, Pierre-Augustin, vous n'avez plus qu'une idée : faire imprimer votre *Mémoire* !

*

Les morts vont se succéder parmi ceux que Beaumarchais a dénoncés. Certains sont guillotinés, d'autres se suicident...

Lui ne pense qu'à rentrer en France où, curieusement, il lui reste quelques amitiés, dont Garat, le garde des Sceaux, qui va le faire bénéficier de sa protection. Gudin lui fait parvenir de l'argent dans sa prison de Londres, et Pierre-Augustin s'embarque aussitôt pour atteindre Le Havre. Il y retrouve femme et fille avec bonheur, même si, en chemin,

Eugénie a perdu un prétendant, parti sans l'épouser pour Constantinople...

Chose extraordinaire, comme la marque même de votre destin d'exception, on vous convoque à Paris devant la Convention ! Et vous y allez ! Tout autant pour vous justifier devant elle que pour faire imprimer vos « Six Epoques » et tenter ainsi de retrouver au moins la faveur du peuple ! Et la Convention vous absout ! Et on vous charge à nouveau de retrouver les soixante mille fusils ! Ils sont alors en territoire ennemi car l'Angleterre comme la Hollande est entrée en guerre contre la France. Pour vous, le chemin le plus court pour gagner l'Angleterre passe par la Suisse ! Auparavant, vous faites une petite visite à l'Opéra de Paris : une version musicale de votre *Mariage de Figaro*, signée Mozart, y est jouée. Est-ce votre surdité qui s'accroît de jour en jour et ne vous permet pas d'apprécier le charme, la force et l'élégance de la musique ? Vous écrivez votre relative, très relative, satisfaction aux interprètes sans le moindre commentaire sur les rythmes et les harmonies de Mozart !

C'est assez courant chez les auteurs dramatiques de ne pas entendre les notes mises sur les mots. Surtout si les mots sont... d'eux et la musique d'un autre...

Vous arrivez en Suisse, à Bâle, nouvellement nommé commissaire de la République ! Vous y vivez quelque temps sous le nom de Pierre Charron ! Vous attendez l'argent nécessaire à la future transaction. Hélas, en vain ! La confusion la plus totale règne en France. Toujours aussi pressé, vous partez sans plus attendre pour Londres. A peine arrivé, vous y recevez l'ordre de déguerpir ! Des amitiés anciennes vous permettent néanmoins d'y rester. Vous apprenez que Londres est intéressé au plus haut point par les fusils de Hollande. Ce n'est pas une révélation. Mais celle qui vous laisse croire que Londres songe à les expédier en Vendée en est une ! Et de taille ! Une guerre civile vient d'éclater qui bouleverse la Vendée. Vous avez beau être passionné par les affaires, Pierre-Augustin, l'aventure ou le commerce des armes, on vous sent brusquement bousculé par ces événements graves qui atteignent la France. Vous décidez alors de trouver et d'acquérir coûte que coûte ces fameux fusils ! De Londres vous repartez pour La Haye et bientôt Rotterdam ! Une idée folle vous vient : faire passer les fusils – quand vous les aurez trouvés – par New York ! Vous regagnez Ostende, puis Anvers ! Vous vous débrouillez pour trouver à Hambourg, capitale de l'émigration, d'éventuels acheteurs !

Et soudain, vous craquez. Vous apprenez que vos biens sont confisqués, qu'après en avoir été rayé, vous êtes à nouveau inscrit sur la liste des émigrés, que les scellés sont posés sur votre Palais-Bastille, que vos trois femmes ne sont plus en sûreté au Havre et qu'elles se sont réfugiées près de Paris. Est-ce alors pour vous distraire de ces nouvelles alarmes ou vous guérir du poids de vos soucis ? Vous achetez et revendez six mille paires de chaussures à Francfort pour les expédier à Bâle et faire ainsi « une petite affaire » ! On ne peut pas, quand on s'appelle Beaumarchais, passer trois mois à s'occuper d'une simple dépression nerveuse...

Malgré toutes les précautions qu'elles ont pu prendre, en février 1794, vos trois femmes sont arrêtées et emprisonnées ! Et bientôt condamnées à mort...

Vous devenez fou. Une seule solution, croyez-vous : revenir en France avec les fusils ! D'Anvers vous partez aussitôt, *à pied*, pour La Haye ! A Nimègue, votre destin d'exception vient enfin à votre secours : vous y apprenez la chute de Robespierre ! Avec tant d'autres, vos femmes sont sauvées par le 9 Thermidor !

Avec cet instinct animal que vous vous flattez de posséder, Pierre-Augustin, vous demandez alors audience au « conseiller pensionnaire de Hollande ». Vous tentez de lui démontrer avec fougue que, Robespierre mort, la Hollande pourrait devenir le centre d'un congrès pour la paix en Europe... à condition d'en écarter l'Angleterre, responsable du conflit actuel. Il est certain que la pensée du « conseiller pensionnaire » ne circule pas au même rythme – et dans la même direction – que la vôtre, Pierre-Augustin. Car vous êtes aussitôt prié de quitter le pays, « sans délai » ! Pour aller où ? Vous êtes toujours sur la liste des émigrés ! Rassuré alors, si l'on peut dire, sur le sort d'Eugénie et de Marie-Thérèse qui, la loi l'y obligeant, a demandé le divorce d'avec vous, il ne vous reste qu'une solution : Hambourg ! Hambourg qui est devenu chaque jour et de plus en plus la capitale de l'émigration française.

Vous ne savez pas encore que vous allez être contraint d'y rester deux ans...

19

— Enfermé dans cette prison de Londres que vous avez qualifiée de *smart*, mon cher Piat – et je vous laisse l'entière responsabilité de cette appellation –, à quoi croyez-vous que j'aie employé mon temps ?

— A réfléchir...

— Réfléchir ! Moi ? A quoi ?

— Aux avantages de faire des pièces de théâtre plutôt que du trafic d'armes !

— Cessez vos plaisanteries stupides ! Si vous aviez fréquenté les prisons autant que moi...

— Ce qu'à Dieu ne plaise...

— Mon cher... il est de certains instants où il est fort honorable de les avoir fréquentées. Sachez néanmoins que toutes les prisons sont inacceptables, qu'elles soient *smart* ou dorées. Car on perd, en y entrant, le bien le plus précieux.

— La liberté ?

— Plus que cela, Piat. Plus que cela ! Le pouvoir d'agir. Le respect de soi-même. Vous devenez l'esclave du temps. Avec une corde autour du cou qui vous immobilise, si peu serrée qu'elle soit. Vous n'avez alors qu'un moyen de savoir si elle va vous étrangler ou non...

— Lequel ?

— Ecrire, mon cher ! Ecrire ! Ecrire, c'est agir. Agir pour tuer le temps. Agir pour retrouver une paix intérieure. Un moyen d'oublier la corde. De ne plus se sentir esclave. Une raison d'être par l'action. Et ainsi se rendre à soi-même.

— Même si on brûle vos écrits ?

— Peu importe ! C'est écrit. On recommence. Mon *Mémoire* sur l'affaire Goëzman, c'est à For-l'Evêque que je l'ai conçu. A Londres, je dois à la prison *smart* les premières pages des six *Mémoires* sur l'affaire des fusils.

— Qui, au risque de vous déplaire, n'est tout de même pas autre chose qu'une affaire de trafic d'armes !

— Je ne répondrai pas à cette insolence. Vous feriez mieux de penser, ignorant que vous êtes, que j'y faisais le procès de la Révolution !

— Vous ?

— Moi !

— D'où l'exil ?

— Exil injuste, s'il en fut. Je n'ai jamais été traître à ma patrie. J'ai harcelé la Convention de mes écrits. J'ai tenté de convaincre les gouvernants d'alors d'envoyer à Tervere, où ces fusils étaient entassés, une partie de l'armée française qui se trouvait à cent kilomètres à peine sous l'autorité du général Pichegru, afin de faire peur aux autorités hollandaises !

— Sans résultat, hélas.

— Sans résultat, c'est vrai. J'avais le sentiment de demander l'aumône. Et j'ai été accusé de complicité avec Robespierre ! Alors que j'avais reçu mission de cette même Convention de ramener en France ces maudits fusils ! Voilà ce que vous appelez mon « trafic d'armes ». Même si mon intérêt n'était pas exclu, c'est en patriote que j'agissais, Piat ! Devenu partout suspect, j'ai été chassé de France, d'Angleterre, de Hollande. Il est toujours dangereux d'avoir raison trop tôt.

— Quelle belle pièce vous auriez pu écrire avec tout cela...

— Pardon ?

— Rien, rien ! Et... c'est à Hambourg que la vie a continué pour vous ?

— Et à Lübeck, oui. Mon cher, devenir étranger dans son propre pays, c'est une chose horrible. Mais le devenir dans un pays étranger, en raison d'événements qui vous dépassent, vous contraignent ou vous poignardent, c'est plus atroce encore ! Etre exilé est « un supplice plus cruel que la mort », dit-on... Chaque jour je me demandais pourquoi j'étais là. Pour combien de temps. Tout me semblait hostile. Le langage, les êtres, les coutumes. Jusqu'aux lieux et aux paysages mêmes ! Les jugements portés sur « ma » France étaient autant de blessures et de chocs. Le manque de nouvelles des miens ajoutait encore à mon angoisse et à mon désarroi. Je ne supportais pas ma solitude au milieu des autres, de leur indifférence ! Vous, qui me parliez un jour de ce « besoin en moi du sourire de la multitude », vous pouvez me comprendre. C'est de ce même sourire que vous vous nourrissez, vous, les acteurs ! Il vous rassure...

— C'est vrai. Mais... à Hambourg, vous auriez pu rencontrer bien des Français, émigrés comme vous. Rivarol, par exemple, si spirituel, si drôle. Rivarol qui, en parlant de votre ennemi intime, Mirabeau, disait : « Il était capable de tout pour de l'argent. Même d'une bonne action ! »

— C'est vrai, mais...

— Et ce mot à propos d'un imbécile qui dans un salon avait laissé échapper – si j'ose dire – un bruit incongru : « J'aime encore mieux ça que s'il avait parlé ! » C'est drôle, non ?

— Je sais, je sais. Mais je ne l'aimais pas...

— Ah ! Et Talleyrand ?

— Talleyrand arrivait à peine d'Amérique...

— Et ce jeune abbé que vous aimiez bien, lui, l'abbé Louis, qui allait devenir plus tard un des banquiers les plus avisés de France... le baron Louis.

— On se coudoyait, Piat. On se coudoyait mais

on ne se rencontrait pas. Certains même me fuyaient.

— Pourquoi ?

— Ah ! Pourquoi ! Parce que ! J'aurais aimé le savoir. C'est cela aussi l'exil...

Pierre-Augustin ne mentait pas. Royalistes ou nouveaux républicains n'étaient pas indulgents envers lui. Chacun estimant qu'il appartenait au parti de l'autre.

Bien des lettres existent qu'il avait écrites à Marie-Thérèse, sa « ménagère » comme il l'appelait aux temps heureux. Elles manifestaient cette solitude et cette angoisse dont il parlait. Certes, sa nature le portait aux excès comme les premières marques d'un romantisme où le cœur avait priorité. Marie-Thérèse avait divorcé de lui, contrainte de le faire : c'était une loi nouvelle. Il le savait. Mais en connaissait-il les vraies raisons ? Il l'interrogeait : « Comment t'appelles-tu ? Où demeures-tu ? En quel endroit t'écrire ? Sous quel nom ? Je me demande parfois si je suis en démence ! Ah ! sans l'espoir de sauver ma fille... l'atroce guillotine serait pour moi plus douce que mon horrible état ! »

— Un seul être vous manque et tout est dépeuplé...

— Pardon ?

— Rien, rien ! Je pensais à Lamartine... c'est tout.

— Je ne savais plus où était Marie-Thérèse, Piat ! Ni Eugénie ! Ni Julie !

— Ni Amélie...

— Ni Amélie ! Mais oui, Piat ! Je n'ai jamais prétendu être indifférent au sort d'Amélie !

Ecrites à Amélie, d'autres lettres, infiniment plus chaudes, torrides même, prouvent que la pudeur ne s'est guère installée entre Pierre-Augustin et Amélie. Il suffit de savoir qu'il évoque à propos de leurs rencontres passées une « eucharistie d'amour », et chacun sait que dans ce mystère de la foi – qui n'a jamais encombré Pierre-Augustin –, l'hostie se pose sur la langue... Il s'inquiète aussi de Julie, encore retenue en prison trois mois après la chute de Robespierre ! Et plus encore d'Eugénie, sa fille bien-aimée. Est-elle mariée ? Autant de questions sans réponses. A Hambourg, son installation est précaire. Il y mène au début une existence presque misérable. Dès 1795, la France n'a plus besoin de ces fusils ! Ses arsenaux sont pleins ! Et Pierre-Augustin attend toujours d'Amérique certaines compensations financières qui lui sont dues. Tandis qu'à Paris ses biens sont toujours sous séquestre.

— Pierre-Augustin... pourquoi êtes-vous allé à Hambourg ?

— J'y avais naguère réussi quelques affaires. Et Hambourg commençait à développer ses relations avec la jeune République américaine. Tout le commerce de l'Europe du Nord passait alors par là. Et puis la Révolution était bien accueillie en Allemagne. « La liberté engendre des colosses », écrivait Schiller ! Et Kant l'estimait « un admirable effet contre l'arbitraire ». Songez qu'on y célébrait la fête du 14 Juillet, à Hambourg !

— Ce n'est pas vrai ?

— Pourquoi mentirais-je ? Ce n'est qu'après avoir salué un éventuel Etat mayençais ou encore une République cisrhénane que les choses se sont gâtées pour la France ! Les massacres de Septembre, la mort du roi et de Marie-Antoinette ont provoqué une réaction d'horreur ! Soudain on ne souhaitait plus pour l'Allemagne ces conquêtes de liberté obtenues par les Français ! Croyez-moi ! Goethe condamne la Terreur. Schiller, lui, « les graves turbulences » qui la caractérisent ! J'ai eu soudain, aussi bien à Hambourg qu'à Lübeck, le sentiment constant d'être en prison. Libre de tout. Mais prisonnier de moi-même !

— C'est pourquoi vous avez écrit...

— Sans arrêt ! A tous ! Et partout.

*

Est-ce la solitude, « une raison d'exister par l'action », ou une première preuve de sénilité, ou encore cette démence à quoi il fait allusion dans sa lettre à Marie-Thérèse, Pierre-Augustin écrit au Premier ministre anglais William Pitt une lettre ahurissante ! Il lui demande tout simplement un rendez-vous ! Bien qu'exilé, il se flatte d'exercer encore une grande influence dans sa patrie. Il l'assure qu'aucune ambition personnelle ne le pousse, « sinon, écrit-il, la presque certitude d'être honoré un jour dans mon pays, pour lui avoir fait un grand bien, d'avoir servi à rapprocher les deux premiers peuples du monde... ». Et il ajoute : « Ce ne sont point les grands plans qui font les grands hommes, ce sont les grandes vues ! Et sur ce point, Monsieur, vos preuves sont faites pour moi. »

Malgré cette flatteuse conclusion, Pitt ne répondra jamais.

Dans une lettre, tout aussi singulière, il semble, sauf erreur de ma part, que Pierre-Augustin dépasse encore les limites du raisonnable. Il a réussi quelques petites affaires qui lui ont permis d'améliorer son ordinaire. Il a même reçu de certains correspondants américains des petites sommes qui y ont contribué. Et soudain, humour, rouerie ou naïveté, il décide d'écrire au gouvernement d'Amérique une lettre devant laquelle on reste confondu ! « Américains ! Je meurs votre créancier ! Je vous ai servi avec un zèle infatigable. Je n'ai reçu qu'amertume pour récompense. Souffrez qu'en mourant, *je vous lègue ma fille* à doter avec ce que vous me devez [!]. Peut-être la providence a-t-elle voulu lui ménager par vos retards d'acquittements, une ressource après ma mort... »

— Pierre-Augustin...

— Oui ?

— Permettez-moi de vous dire qu'il fallait être particulièrement « gonflé » pour écrire une pareille lettre et distiller de pareilles allusions à votre mort alors que vous êtes en parfaite santé !

— Piat... qu'entendez-vous par « gonflé » ?

— Audacieux !

— Ah ! Ma lettre vous choque ?

— Non, pas du tout, mais vous poursuivez avec les mêmes sanglots dans les mots : « Adoptez ma fille comme une digne enfant de l'Etat. Sa mère aussi malheureuse, et ma veuve, vous la conduira ! Votre pays étant le seul où je puisse sans honte tendre la main aux habitants, que me reste-t-il à faire sinon à supplier le ciel *de me rendre un moment de santé* qui me permît le voyage d'Amérique ! » Encore une allusion à votre santé ! Je sais bien que vous avez l'esprit de famille, Pierre-Augustin, et que vous n'avez jamais cessé de vous préoccuper de l'établissement d'Eugénie que vous souhaitez voir mariée au plus tôt, mais tout de même ! Cet attendrissement passé, vous tendez encore votre sébile, et toujours mourant vous concluez : « Arrivé au milieu de vous, la tête et le corps affaibli, faudrait-il alors qu'à l'entrée de vos assemblées, je vous criasse : Américains faites l'aumône à votre ami ! » Quel mélo, Pierre-Augustin ! Si l'on songe que vos Américains vous considèrent injustement, et vous le saviez, comme un imposteur, ce qui était d'une parfaite ingratitude, c'était bien du temps perdu ! Non ?

— Mon cher... j'ai cru comprendre que dans votre profession, certaines suppliques tout aussi « mélo », sont honorées par vos gouvernants ! Et puis je vous l'ai dit : l'écriture était le seul moyen pour moi de retrouver ma paix intérieure.

— Je veux bien, Pierre-Augustin, mais pouviez-vous croire une seconde qu'à Washington députés et sénateurs allaient verser, en vous lisant, les larmes que vous espériez voir couler « à plein canal » des yeux des femmes sensibles, comme vous vous en flattiez en écrivant *La Mère coupable* ? Est-ce cette mère-là, abandonnée à Paris, qui vous remontait à la tête pendant ces années d'infortune où la France était « remuée de fond en comble », comme le dit Figaro au premier acte de cette pièce ? A Paris, vos femmes manquent de tout. Leur priorité quotidienne est de trouver à manger. Vous semblez l'ignorer ! Elles s'efforcent, en vain, d'obtenir qu'on libère vos biens, toujours sous séquestre ! Mais vous, poussé par le besoin incessant d'agir, vous préférez écrire au Comité de Salut public ! Etait-ce bien utile ?

— J'ai écrit à mes femmes, mon cher Piat, vous le savez ! Et aussi au Comité de Salut public après que j'eus appris la victoire des troupes républicaines sur une armée royaliste ! J'y affirmai ma joie du triomphe superbe de nos soldats à Quiberon, alors que je gémissais depuis deux ans sur les injustices de toute espèce dont on m'abreuvait dans mon pays ! C'est sur les suites de cette victoire que je soumettais au Comité mes réflexions de « citoyen » : « Si, vainqueurs généreux, disais-je, vous n'abusez pas de votre triomphe pour en faire une boucherie... vous allez conquérir l'estime de tous les partis ! Français qui gouvernez des Français, pardonnez à vos prisonniers ! » Ce n'était pas utile, ça ? J'affirmai, en outre, dans cette lettre, qu'ils auraient alors plus fait pour leur gloire et la conscience universelle, par cet acte généreux, que par tous les exploits, presque incompréhensibles, par lesquels leurs armées ont étonné l'Europe ! Toujours inutile, ça, Piat ?

— La boucherie vendéenne a tout de même eu lieu, Pierre-Augustin. Tant à Quiberon que dans toute la province de Vendée...

Il m'a semblé que Pierre-Augustin ne m'entendait plus. A cet actif sans limite, il fallait aussi des rêves, fussent-ils trop grands pour lui, afin de se prouver, du fond de son exil, qu'il existait encore. Dire à cette France déchirée et nouvelle qu'il l'aimait d'autant plus qu'elle lui manquait ! Tout comme il le disait à Eugénie, à Marie-Thérèse, à Julie ou Amélie...

C'est ainsi que, toujours soucieux « de faire à la fois le bien public et particulier », Pierre-Augustin se met à songer au percement de l'isthme de Suez ! Incorrigible, il songe aussi à l'établissement d'une voix navigable entre l'océan Atlantique et l'océan Pacifique par le fleuve San Juan et le lac Nicaragua ! Il suffit pour cela de creuser quelques kilomètres de canal, écrit-il ! La patrie française dominera alors le monde...

Etait-ce si fou ? Tout cela se fera au siècle suivant. Pour l'heure, la patrie française est occupée, comme trop souvent, à d'autres jeux. A de plus courtes vues ! Et Pierre-Augustin se plaint auprès d'Eugénie du silence de mort que ses amis ont gardé depuis « qu'une mission fâcheuse et presque impossible à remplir » l'a exilé de son pays ! L'affaire des fusils de Hollande est maintenant classée dans son esprit : c'était une erreur ! Et il affirme à sa fille, comme une fausse sortie de vieux cabot après la grande scène du II, « qu'enterré dans le tombeau de l'exil, il ne se sent le droit de mourir que quand il la saura heureuse... ». Et sous les applaudissements, Mesdames et Messieurs, Pierre-Augustin sort par le fond !

Ah ! Théâtre, théâtre quand tu nous tiens...

*

Enfin, il reçoit des nouvelles de Paris. Eugénie a été gravement malade. Mais cela n'est plus qu'un mauvais souvenir. Elle est fiancée, lui écrit Marie-Thérèse, à un excellent jeune homme de vingt-neuf ans, ancien aide de camp de La Fayette, devenu depuis lors un commerçant avisé ! Et Marie-Thérèse le souligne dans sa lettre sachant bien que cette fonction ne peut déplaire à cet autre « commerçant avisé » que reste son intermittent du spectacle de mari ! Elle ajoute, et c'est très important, que Julie est tout aussi enthousiaste à l'idée de cette union entre Eugénie et ce jeune lieutenant Louis André Toussaint Delarue (en un seul mot !).

A Paris, la vie a beaucoup changé, dit encore Marie-Thérèse.

Néanmoins, votre situation évolue, vous écrit-elle dans l'espérance d'un retour possible. Hélas, Pierre-Augustin, au moment où présenté favorablement par le président du Comité de Salut public, Robert Lindet, votre nom va être rayé de la liste des émigrés, la Convention se sépare !

Hommage vous est alors rendu mais cela ne dépasse pas le protocole ordinaire. Les lenteurs administratives sont telles, ainsi que quelques solides inimitiés entretenues par quelques membres de la défunte Convention, que votre retour est retardé. Même si Lindet écrit fort joliment à votre propos que toutes vos capacités peuvent servir la France – « *On voulait lui nuire. On a nui à la France* », exilé vous êtes, exilé vous restez. Que ce soit à Lübeck ou à Hambourg... à presque soixante-cinq ans, vous en reprenez pour un an !

Ah ! Ils vous auront coûté cher, vos fusils de Hollande, Pierre-Augustin ! J'ose à peine vous glisser cet aveu à l'oreille : mes arrière-grands-parents maternels étaient hollandais, nés non loin de Tervere... mais par bonheur ils ne vendaient pas de fusils, eux, Pierre-Augustin.

20

Enfin !

Le 10 juin 1796, vous apprenez que votre nom est rayé de la liste des émigrés. Vous allez pouvoir rentrer en France. Enfin...

Le temps de régler quelques affaires courantes, d'écrire de-ci, de-là, de faire vos malles, et celui qui signait il y a peu ses lettres officielles ou non Pierre-Augustin Caron de Beaumarchais, « commissionné », proscrit, errant, persécuté, mais nullement traître, ni émigré (!) quitte sa retraite proche de Hambourg. Et le 5 juillet, il rentre à Paris. C'est le Paris du Directoire...

— ...et je ne le reconnais pas.

— Paris a lui aussi quelque difficulté à vous reconnaître, Pierre-Augustin.

— Je vous l'accorde.

— N'auriez-vous mangé que des *kartoffeln* et des choucroutes à Hambourg ou à Lübeck ?

— Ma foi...

— Vous avez pris au moins vingt kilos ! Même

Julie, qui vous adore depuis toujours et sans condition, vous supplie de perdre votre double menton.

— Elle ne diffère pas en cela de mon épouse et de ma fille...

— Quant à Amélie, devenue Madame Duranty pendant votre exil, elle aurait eu, paraît-il, quelque peine à retrouver ses ardeurs et son inspiration auprès de vous !

— C'est faux ! Calomnie stupide ! Elle est restée la même !

— Avec d'autres peut-être...

Songerait-il à ces plaisirs perdus qu'Amélie pourra à nouveau lui offrir ? Pierre-Augustin semble ne pas avoir entendu. D'ailleurs il est devenu sourd comme un pot !

— Amélie n'a jamais été inactive au lit, murmure-t-il. J'ai parfaitement entendu votre petite goujaterie, Piat ! Même si je suis devenu sourd comme une urne sépulcrale ! Et non pas comme un pot. Un pot ne fut jamais sourd, mon cher, quoique vous en disiez ! Au lieu qu'une urne, renfermant des restes chéris, reçoit bien des soupirs et des invocations perdues auxquels elle ne répond plus, précise-t-il en linguiste pointilleux.

Qu'il soit sourd et gros, Beaumarchais il est. Beaumarchais il reste. Arrivé à Paris le 5, il rencontre le jeune Delarue le 6. Il le trouve convenable le 7 ! Et le 10 juillet il conduit Eugénie, sa fille, à l'autel ! Quant à Marie-Thérèse, dont les sentiments pour lui sont toujours aussi neufs, il la re-épouse douze jours plus tard.

— Il ne vous manque que Gudin, votre poisson-pilote, à récupérer.

— Il s'est réfugié en Corrèze. Je lui envoie le nécessaire pour qu'il remonte à Paris dare-dare. Mais l'argent me manque, Piat. Même la maison me soucie...

— Vous avez retrouvé votre Palais-Bastille ?

— Nullement. Il me faut attendre que nettoyé, réaménagé et surtout libéré de certains occupants, il puisse redevenir habitable...

Homme pressé, Pierre-Augustin va mener au plus vite ces deux reconquêtes. Il écrit partout. Les Américains lui doivent trois millions ? Il écrit aux Américains ! La France lui en doit un ? Il écrit au directeur responsable du Budget, avec les sanglots requis : « Citoyen ministre, je vous jure que mon état est intolérable ! Souffrez que j'envoie un grabat dans un grenier de votre hôtel. On vous dira tous les jours : *il est là* ! Vous concevrez alors qu'un homme désolé, jeté depuis six ans hors de sa place et ruiné, est excusable qu'on daigne s'occuper de lui ! » Humour, suppliques sanglotantes, rappel à l'ordre, tous les moyens lui sont bons. Et il refait des affaires. Et il se refait des relations. Retrouvant Talleyrand et profitant de l'amitié nouvelle de Desaix, il va de Kellermann aux élus du Conseil des Cinq-Cents, apercevoir de loin l'ombre déjà grande de Bonaparte, commandant en chef de l'armée d'Italie. En vieux routier de la politique, il comprend très vite que ce Bonaparte qui, certes, n'est pas encore Napoléon, a néanmoins un grand avenir ! Il fait tout pour le rencontrer, comptant sur l'amitié de Desaix. Partisan de la conquête de l'Egypte qui peut permettre à la France de disputer les Indes aux Anglais, il éprouve le besoin de le lui dire ainsi que son admiration. Hélas, la rencontre ne peut avoir lieu. Un peu dépité, il lui adresse alors un long poème par l'intermédiaire de Talleyrand. Les rimes en sont parfois curieuses. Mais par bonheur le général est lui aussi un homme pressé, il n'aura pas l'occasion de tout lire !

« Boutade d'un vieillard qui a de l'humeur de ne
[l'avoir pas vu... »
Comme Français, je cherche une façon nouvelle
De rendre un juste hommage au grand Bonaparté...

L'accent aigu n'est pas de moi, mais de vous, Pierre-Augustin. J'insiste là-dessus. Alors reprenons !

Comme Français, je cherche une façon nouvelle
De rendre un juste hommage au grand Bonaparté !
Si j'étais né dans les Landes, ah ! je voudrais comme elles
Que le diable l'eût emporté !

On comprend aisément qu'après de si beaux vers Bonaparte vous ait évité... !

Même si vous avez signé en toute modestie : « Vous savez, Général, que je suis le premier poète de Paris... en entrant par la porte Saint-Antoine. »

Il n'en reste pas moins que les Directeurs vous consultent. Vous écrivez d'ailleurs certains de leurs discours. Vous les encouragez à réformer, prouvant ainsi à quel point l'histoire est un éternel recommencement. « Courage, Directoire ! Si la République est sortie vivante de la glacière robespierrienne comment pouvez-vous craindre qu'elle soit en danger de mort quand c'est vous qui gouvernez ! »

Et peu à peu, l'argent va rentrer.

— Pour moi ! Pas pour la France !

Votre nouveau rayon de soleil, c'est le théâtre qui vous l'apporte. Le 5 mai 1797, la Comédie-Française reprend les représentations de cette *Mère coupable* que vous avez abandonnée quelques années plus tôt pour courir derrière vos soixante mille fusils, affaire que vous jugez maintenant détestable ! Exploitation commerciale que ce troisième volet de *Figaro* ? Mais oui ! diront les uns. Mais non ! diront les autres. Pourtant *Le Mariage* est déjà la suite avouée du *Barbier*.

Toujours attiré par le drame, aux vertus morales et culturelles plus élevées dans « le genre dramatique sérieux » que dans la comédie – voir *Eugénie* –, disons que vous êtes revenu à vos premières amours.

Vous aviez pourtant déclaré dans une note : « Qu'est-ce qu'une pièce où il n'y a pas le mot pour rire ? N'est-ce pas favoriser la paresse que de souffrir de tels ouvrages ? » Vous aviez écrit « jeune » avec *Le Barbier*, plus « mûr » avec *Le Mariage*, mais, touché par le génie (de Diderot), vous avez écrit *Eugénie* (sans jeu de mot) où l'on n'avait aucune raison de se tenir les côtes ou de se taper sur les cuisses. Le paradoxe n'enferme pas que les comédiens. La *Mère coupable* est encore en vie : la Comédie-Française vous assure une distribution de stars : Molé, Contat, Fleury, vous n'avez aucune raison de résister ! D'autant moins d'ailleurs que vous avez beaucoup insisté pour qu'on reprenne la pièce ! Maman coupable va faire un malheur... à la première ! Vous retrouvez avec elle le bonheur d'un triomphe « à la Voltaire ». « On m'a violé comme une jeune fille. » Vous êtes longuement acclamé sur scène, entouré des sociétaires... comme je le fus à mes débuts ! Quelle que soit votre modestie (et la mienne), ce sont des minutes inoubliables dont on remercie le ciel (et Dieu sait que vous n'y croyez pas !). La postérité – mis à part Péguy – (mais oui !) sera moins indulgente envers Madame votre *Mère*. Pourtant vous aviez reçu une lettre, en réponse à votre proposition de lui vendre votre Palais-Bastille, d'un homme dont la réputation aurait pu l'influencer, cette postérité ! Lettre très courte, certes, mais on sait que l'homme ne s'attardait jamais ni à écrire ni à satisfaire aux délices du lit ! « Le général Desaix m'a remis, citoyen, votre aimable lettre du 25 Ventôse. Je vous en remercie. Je saisirai avec plaisir toutes les circonstances qui se présenteront de faire la connaissance de l'auteur de *La Mère coupable* ! Je vous salue. » C'était signé : Bonaparte ! Malheureusement cette fois encore cela ne s'est pas arrangé. Ni pour le Palais-Bastille, ni pour *La Mère coupable* qui, malgré le triomphe du 5 mai, ne sera jouée que huit fois au XVIIIe siècle ! Mais tout de même... Bonaparte ! J'ai, moi aussi, rencontré deux ou trois fois un général ! De Gaulle ! Mais il ne m'a jamais écrit ! J'ai pourtant été son interprète dans une petite pièce de lui. Hélas, il l'a ignoré : il n'était déjà plus de ce monde...

Autre rayon de soleil qui vous illumine : vous vous retrouvez un instant dans le jeu diplomatique.

A Hambourg, vous aviez rencontré Talleyrand.

A Paris, vous l'avez félicité par écrit quand il est devenu ministre des Relations extérieures. Or les relations franco-américaines, elles, sont au plus bas ! Charles Maurice de Talleyrand-Périgord refuse de recevoir des émissaires envoyés par le président de la jeune République américaine, John Adams ! Pour le rencontrer, il faut payer, et fort cher. Les émissaires s'indignent et rechignent ! Qui connaissent-ils à Paris ? Personne ! Ah si ! Beaumarchais ! C'est même le seul ! « Aidez-nous ! » « Volontiers ! » Vous en êtes d'autant plus d'accord que c'est peut-être le seul moyen de récupérer vos créances anciennes. Et vous voilà en partance pour les Etats-Unis ! Du moins, c'est ce à quoi vous rêvez. Il vous faut donc un passeport.

— Talleyrand, qui ne m'aime guère et qui surtout redoute que je mette le nez dans ses petites affaires, me le refuse !

— Pour quel motif ?

— Parce que je suis sourd, mon cher !

— Non !

— Si ! J'ai alors écrit aux autres directeurs : « Je suis le seul Français qui peut-être sous les deux régimes n'ait rien demandé à personne. Et cependant je compte avec orgueil parmi mes grands travaux, d'avoir contribué plus qu'aucun Européen à rendre l'Amérique libre. A la ravir aux agresseurs anglais. Ils font l'impossible aujourd'hui pour nous en faire une ennemie. Mes affaires m'y appellent. Je puis y déjouer leur intrigue. Je l'offre et je le puis sans qu'il en coûte rien. Sans vouloir emploi ni récompense ! »

— Quel cadavre existait-il entre Talleyrand et vous, Pierre-Augustin ?

— Aucun cadavre, Piat. Il était lui. J'étais moi. C'est tout... Mais je n'ai pas obtenu le passeport : il ne me l'a pas accordé, le vieux diable ! En revanche, et c'est une belle consolation pour moi, c'est avec moi – et avec moi seul – que les Américains ont négocié ! Beau joueur, j'ai donc servi Monsieur de Talleyrand en servant la France...

Curieusement Pierre-Augustin, vous aviez écrit quinze ans auparavant à un autre ministre des Affaires étrangères, Vergennes : « A mesure que le jeu de la vie s'avance, le tapis reste... mais les joueurs changent. Ce n'est pas une des moindres afflictions de la vieillesse que d'être obligé de toujours achever la partie avec d'autres joueurs que ceux qui la commencèrent avec vous. »

Vous aviez déjà compris « qu'on ne meurt pas dans la société qui nous a vu naître »...

*

Vous avez maintenant quinze ans de plus Pierre-Augustin. Vos bonheurs sont différents, mais ils sont. Vous avez d'ailleurs toujours su que vous étiez né pour le bonheur. Une petite-fille vous arrive le 6 janvier 1798. Eugénie la nomme Palmyre. Vous auriez peut-être préféré un garçon que vous auriez souhaité voir prénommé Augustin, en souvenir de votre fils mort vingt-six ans plus tôt. Mais vous savez bien que les femmes ont toujours participé à votre félicité. Et une petite-fille... c'est bien !

L'une arrive dans votre vie. Une autre s'en va. Elle vous a écrit :

Je me donnerais pour deux sous
Sans marchander ma personne
Je me donnerais pour deux sous
Me céderais même au-dessous...

Et vous lui avez répondu :

Tu te mets à trop bas prix.
Nous t'estimons davantage.
Tu te mets à trop bas prix
Nous en sommes tous surpris.

La surprise, voyez-vous, Pierre-Augustin, c'est nous qui la ressentons : les vers sont adorables d'une et d'autre part. Cela se comprend. La destinataire en vaut la peine. En ce mois de mai 1798, où une petite-fille enrichit votre famille, vous avez l'immense chagrin de voir partir pour toujours votre sœur bien-aimée, Julie. Celle qui avait pris, tout comme vous, le nom de Beaumarchais...

Les heures et les jours vont alors passer, vous apportant oubli, consolations, tendresses, dont celle à toute épreuve de Marie-Thérèse, même si parfois elle tremble en pensant à Amélie et à d'autres petites folies passagères. Car Beaumarchais vous êtes, Beaumarchais vous restez. Certes, vous devenez chaque jour un peu plus sourd, un peu plus chauve, mais pas beaucoup plus « rassis ». Même si on vient vous consulter et solliciter vos avis de vieux sage à propos de tout.

A Colin d'Hareville qui vous a envoyé un exemplaire de son poème *Melpomène et Thalie*, vous écrivez, en guise de remerciements, après les politesses d'usage : « Je veux finir par une observation dont je ne fais quartier à nulle personne que j'estime. J'en ai le droit, moi, typographe de Voltaire ! Croyez-vous donc qu'il soit permis de laisser imprimer l'imparfait de nos verbes par " OI " ? Voyez-vous la mine que fait un étranger quand on lui dit que le mot *connaissois* doit se prononcer *connaissait !* Que *François* et *Anglois* riment avec *Portugais ?* Et non avec *Suédois, Angoûmois, Artois* ! Ces barbarismes ne doivent plus être soufferts ! » Et il signe :

« Le vieux bonhomme
« Caron de Beaumarchais. »

On peut se demander de quels « barbarismes » Caron *souffrirait* en ce XXIe siècle commençant...

Il se console avec la table, le vieux bonhomme ! Car il aime toujours les bons petits plats.

— Et j'en profite, Piat. J'en profite...

Un soir, après un très bon dîner entre amis, où Marie-Thérèse vous a quitté pour aller se reposer, vous vous couchez un peu plus tard que d'habitude. Et vous ne vous réveillerez plus.

Julie est partie le 9 mai 1798. Vous partez un an plus tard, Pierre-Augustin : le 18 de ce joli mois de mai qui, pour vous, ne reviendra plus.

Dernière marque de ce destin d'exception que chacun vous envie. Même si les médecins déclarent que « c'est de foudroyante apoplexie », pour nous,

C'EST EN DORMANT que l'homme le plus actif du XVIIIe siècle a quitté le monde.

*

Pierre-Augustin, j'ai une ultime confidence à vous faire.

A cette heure où je vous quitte aussi, sans doute définitivement, j'ai la gorge serrée, comme une vague envie de pleurer. A mon âge, c'est idiot et c'est étrange, mais cela est.

J'ai commencé ma vie d'acteur avec vous, en 1944. Soixante ans plus tard, aux heures où s'entrevoit la fin du parcours, c'est avec vous que je le vis depuis de longs mois déjà. C'EST AVEC VOUS que je bavarde, alors qu'auparavant je ne vous avais jamais adressé la parole ! On a beau ne pas être superstitieux et n'en tirer aucune conclusion... tout de même... quelle coïncidence...

J'ai parfois ironisé en vous parlant, Pierre-Augustin, et en parlant de vous. Il ne faut pas m'en tenir rigueur, c'est une familiarité de coulisse ! Commune à tous ceux qui font partie « de la baraque », comme le dit si joliment un de vos confrères, Jean Anouilh...

Je peux bien vous l'avouer... au début de nos rencontres, vous m'en imposiez ! Petit acteur, grand auteur : la partie n'était pas égale. Et chacun masque sa pudeur comme il le peut.

Avez-vous mérité l'indulgence des uns ou la

condamnation des autres, « aventurier plus capable d'honnêteté et de génie que véritablement honnête et génial » ? Il est vrai que votre extraordinaire appétit de tout, votre inlassable besoin de plaire vous ont souvent rendu suspect. Peu importe...

A vingt ans vous étiez célèbre. Ce n'est pas facile à vivre, la célébrité à vingt ans. Vous avez eu bien souvent à en affronter, à en dépasser les pièges.

Douze ans avant votre mort, Voltaire disait de vous : « Sa naïveté m'enchante. Je lui pardonne ses impudences et ses pétulances ! »

Alors, écoutons Voltaire...

Personnellement, je n'ai qu'un reproche à vous faire. Je l'ai déjà exprimé mais tant pis, je persiste et je signe. Vous avez écrit *La Mère coupable*, en déclarant : « J'ai pensé qu'après avoir bien ri au *Barbier*, après avoir gaiement considéré dans *La Folle Journée* les fautes de l'âge viril qui sont trop souvent les nôtres... tout homme qui n'est pas né épouvantablement méchant, finit par être bon... quand l'âge des passions s'éloigne et surtout quand il a goûté le bonheur si doux d'être père... »

C'est mon cas, Pierre-Augustin, c'est mon cas ! Je suis père, et même grand-père ! L'âge des passions s'est éloigné tout comme « les fautes de l'âge viril » et je finis par être bon !

Pourquoi n'avez-vous pas écrit *Le Père coupable* à

la place de *La Mère* ? J'aurais encore l'espérance et le bonheur de pouvoir vous jouer des années durant ! De sortir de scène, comme je sors de ce livre, AVEC VOUS, Pierre-Augustin. AVEC VOUS !

Il vous suffisait simplement de changer de titre !

Remerciements

Ce livre n'aurait pas été écrit sans le secours de Frédéric Grendel et de son *Beaumarchais* (Flammarion, 1973), ainsi que le *Beaumarchais* de Bernard Faÿ (Perrin, 1971).

Ma reconnaissance va également à Maurice Lever, auteur de deux livres sur Beaumarchais : *L'Irrésistible Ascension* (Fayard, 1999) et *Le Citoyen d'Amérique* (Fayard, 2003) ; à Jacques Boncompain : *La Révolution des auteurs 1773-1815*.

Au *Beaumarchais* de Pierre Larthomas pour La Pléiade (Gallimard, 1988).

A l'édition de 1874 de *Beaumarchais*, préfacée par Louis Moland.

A Sacha Guitry... et son *Beaumarchais*.

A Jean-Pierre de Beaumarchais dont *Le Voltigeur des Lumières* (Gallimard, « Découvertes », 1996) est une lecture indispensable.

mon Père était très GUITRY

Et enfin... à Beaumarchais lui-même.

— Mariage de Figaro joué en 1784 —

Cet ouvrage a été composé par
Graphic Hainaut (59163 Condé-sur-l'Escaut)

Cet ouvrage a été imprimé par la
SOCIÉTÉ NOUVELLE FIRMIN-DIDOT
Mesnil-sur-l'Estrée
pour le compte des Éditions Plon
76, rue Bonaparte
Paris 6^{e}
en avril 2004

Imprimé en France
N° d'impression : 68043
Dépôt légal : avril 2004
N° d'édition : 13762